KB241290

인사행정

인사행정

서상원 지음

이담 Books

서 언

　산업화가 시작되었던 시기는 토지, 자본, 노동력이 주 자산이었지만 조직이 방만해지고 구성원들이 증가하면서 조직의 발전, 조직의 목표달성에 인간의 중요성이 인식되었다. 그러므로 구성원을 관리해야 할 이론과 지식이 필요하게 되면서 인사관리에 대한 인식이 확대되었다. 특히 1980년대에 들어와서는 인적자원관리(HRM) 이론이 대두되었고, 인적자원을 어떻게 관리하여 조직목표 달성에 기여하도록 하느냐가 기업의 성공과 실패에 직결된다는 것을 알게 되었다.

　90년대 후반에는 그것도 단순히 인사관리에 필요한 인사행정론이 대두되는 것이 아니라 조직구성원의 지식이 기업의 성패에 큰 영향을 미치고 있다는 것을 인식하면서 그들의 지식을 조직성장에 연결시키도록 하는 지식관리의 측면이 매우 강조되고 있다. 따라서 2000년대에 들어와서는 지식경영론이 대두하였고, 무엇보다도 인적자원의 관리는 보다 더 높은 차원의 연구대상으로 주목받게 되면서 조직구성원에 대한 인사행정론은 매우 중요한 부분으로 자리를 잡고 있다.

　따라서 그동안의 인사행정론이 인사관리 등에 대한 제도수준에 머무르지 말고 무한 경쟁시대와 유비쿼터스 시대의 도래에 맞는 인사행정론으로 도약해야 할 때라고 생각한다. 즉 앞으로는 인적자원관리와 지식관리를 포함한 새로운 시각의 인사행정에 관한 이론들이 연구되고 제시되어야 한다. 그러므로 이 교재에 지식관리에 대한 부분을 조금이나마 거론하여 앞으로 많은 학자들이 관심을 불러일으키길 계가 되었으면 한다.

　끝으로 이 교재는 다른 교재와는 달리 서술식을 배제하고 학생들이 일목요연하게 이해하고 정리할 수 있도록 집필하였다. 그리고 많은 어려움에도 불구하고 이 교재를 출간하도록 용기를 내 결심한 학술정보(주)의 임은정 선생님께 감사드리며, 한국학술정보(주)의 발전을 기원한다.

2009년 3월
저자

Chapter 03   공무원의 채용 및 능력발전   75

Chapter 05　공무원의 윤리 및 규범　138

인사행정의 기본

01 인사행정의 본질

1. 인사행정의 의의

(1) 개념

행정조직의 목표를 달성하기 위한 인적자원을 확보(채용)하고 공직에 임용되어 능력, 발전의 도모와 사기를 증진시켜 나가는 행정조직의 일련의 효율적인 인적재원에 대한 제반관리활동을 말한다.

(2) 특징

① 개방체제적 환경적응성: 다양하고 급변하는 행정환경과 행정수요에 적응해야 하는 개방체제이다.

② 가치 갈등적 특성: 인사행정은 행정체제와 정치체제 등의 상위체제와 상호 유기적인 관계를 가지고 있기 때문에 다른 체제 간의 상호 경쟁적인 가치를 수용하고, 이를 적절한 수준에서 조화시키는 것이 매우 중요하다.

③ 인적자원관리를 위한 적극적인 조직 활동: 정부는 적극적인 인재모집과 공무원의 능력개발 및 생활개선을 위한 적극적인 노력을 해야 한다.

④ 인사행정의 전문성: 인사행정업무 자체가 과학적 지식과 기술을 바탕으

로 하는 전문분야이다. 또한 다양한 행정환경의 변화와 행정규모, 기능의 확대는 인사행정업무의 전문성을 요구하고 있다.

⑤ 과학기술의 발달과 영향: 과학기술의 발달은 행정영역의 질적 확대와 맞물리면서 행정조직의 인사관리운영 전반에 걸쳐 많은 영향을 주었다. 특히 컴퓨터의 도입은 업무뿐만 아니라 조직구조 및 구성원의 행태변화를 유도했다.

(3) 3대 변수

① 채용: 유능한 인재의 모집과 합리적인 시험, 임용 및 장기적인 인력수급계획을 모두 포함한다.

② 능력발전: 행정조직의 목표를 효율적으로 달성하기 위한 교육훈련, 근무성적평정, 승진, 전보, 전직 등의 제도를 통한 공무원의 능력발전을 필요로 한다.

③ 사기: 행정조직에 잘 적응하고 목표달성을 적극적으로 수행할 수 있도록 공무원의 정신적인 측면의 활성화를 기하기 위한 것으로 합리적 인사관리, 적정한 보수, 연금제도 등이 이에 속한다.

(4) 체계

① 인사행정의 기능적 측면(내적 체계)
  ㉠ 인적자원계획
  ㉡ 임용
  ㉢ 능력발전
  ㉣ 사기증진
  ㉤ 행정윤리
  ㉥ 퇴직관리

② 인사행정의 환경적 측면(외적 체계)
　　㉠ 경직화를 초래하는 법적 제약성
　　㉡ 국민・대통령・입법부・정당・언론 및 시민단체의 정치적 환경
　　㉢ 예산과 관련된 경제적 환경
　　㉣ 행정문화에 의한 사회문화적 환경
　　㉤ 정보화 사회의 영향에 의한 기술적 환경
　　㉥ 일반 기업 등 민간부문의 인사관리의 영향

(5) 이념

① 사회적 형평성
② 효율성
③ 대응성
④ 민주성
⑤ 공무원의 인권보호

(6) 인사행정의 발전 방향 – 지식관리

① 지식관리의 대두: 1980년대부터 인적자원관리의 중요성이 강조되면서 조직구성원의 능력을 향상시키고 그들의 역량을 조직에 투여하는 새로운 관리방식이 대두되었다. 그러나 2000대부터는 단순한 인적자원의 관리에서 구성원의 지식관리가 조직의 성패에 직결된다는 것을 인식하면서 조직이 가지고 있는 지식을 어떻게 관리하느냐에 관심이 집중되고 있다. 따라서 인사행정론은 제도의 틀에서 벗어나 새로운 관점으로 접근해야 할 것이다.

② 지식관리의 의의: 지식관리(Knowledge Management)는 조직에 내재되어 있는 지식을 공유・확산시키고 새로운 지식을 창조함으로써 행정조직의 역량과 부가가치를 제고하는 활동이다.
　　㉠ 지식에는 암묵지(tacit knowledge)와 형식지(explicit knowledge)가 있

는데 전자는 조직구성원 개인에게 내재되어 있는 지식을 말하고, 형식지는 외부로 표현되고 공식화되어 있는 지식을 말한다.

ⓛ 지식관리는 숨어있는 암묵지를 형식지로 표출화하여 조직이 활용할 수 있는 지식으로 만들어주고, 형식지와 형식지는 상호교환·연결하여 지식의 시너지효과를 만들어 내며, 새로운 암묵지를 끊임없이 만들어내는 지식창조활동에 있다.

ⓒ 이러한 지식활동을 지원해 주기 위한 컴퓨터에 기반 한 시스템을 지식관리시스템(KMS: Knowledge Management System)이라고 하며, KMS는 조직의 지식을 입력, 저장, 축적, 축적, 활용할 수 있게 도와주는 시스템이다.

③ 지식관리의 중요성: 지식의 한계는 조직의 지속가능성(sustainability)을 불가능하게 하는 요인이 되는데, 지식의 끊임없는 창출과 조직학습을 통하여 새로운 부가가치를 창출하지 못하면 생존성에 위협을 받게 된다. 정부의 경우에도 복잡한 정책문제의 해결, 새로운 행정서비스의 창출, 국가의 경쟁력 제고를 위해서는 새로운 지식의 창출이 필수적이다. 특히 행정혁신을 위한 정부조직의 재창조를 위하여서는 조직에 내재화 된 지식의 표출, 공유, 확산 및 활용과 새로운 지식으로의 변형·진화 및 창출이 효과적인 혁신조건이라고 할 것이다. 지식관리는 지능적 행정, 지능적 정부의 구현을 위한 수단으로 정부의 문제해결능력, 미래예측능력, 성과역량을 높이는 중요한 조건이 될 수 있다.

④ 지식관리의 순환과정: 지식수요 파악 → 지식획득 → 지식창출 → 지식공유 → 지식저장 → 지식활용 → 지식폐기 → 새로운 지식수요

1. 지식정보화 사회의 개념

① 과거의 노동, 자본 등에서 정보나 지식이 가장 중요한 자원으로 활용되는 사회를 말한다.

② 인간의 두뇌가 조직이나 체제를 움직이는 사회로서 지식정부를 구축한다.

③ 지식의 유형은 암묵지와 형식지로 구분된다.

2. 전략자원으로서 지식의 중요성

① 정보화 사회에서는 단순히 정보의 생산, 저장, 활용에 그치지만 지식정보화 사회에서는 지식의 창출·공유·활용 등을 통해 조직의 효과성 증진을 위한 시너지 효과를 생각한다.

② 조직 내 과정과 관행에 체화된 전문지식의 가치에 대한 인식을 증대시킨다.

③ 지식정부의 대두와 조직의 학습조직화에 기여한다.

3. 지식정보화 사회에서의 지식유형

① 암묵지의 개념

　㉠ 학습의 과정에서 일정한 형식과 절차 없이 또는 언어로 표현하기 용이하지 않은 상태에서 얻어지는 주관적, 신체적인 지식이며, 경험과 반복에 의해 지식은 더욱 구체화되고 발전한다.

　㉡ 개인의 사고습관과 행동경향이므로 타인에 전달되는 지식이 아니다.

② 형식지의 개념: 문장이나 말로 표현이 가능한 지식으로서 타인에게 습득시켜 줄 수도 있는 객관적·이성적인 지식을 말한다.

③ 지식순환(지적순환)의 과정: 외재화(산출화) - 내재화(내면화) - 사회화(공동

화) - 연결화

④ 학습공동체의 개념

　㉠ 학습행위를 개인적 활동의 차원이 아닌 조직에서 학습자들 간의 관계형성을 중심으로 집단적이고 공동체적인 활동으로 파악하는 것

　㉡ 학습공동체에서 일정한 절차나 의도적으로 이루어지지 않고 비형식, 무형식적으로 이루어지는 학습은 일반적인 대부분의 사람들의 일상생활 자체가 학습의 장이 된다.

　㉢ 암묵지를 형성하는 기제 내용: 대화, 학습, 체험, 노하우, 관찰, 모방, 어깨너머로 배우기 등 체화된 지식

4. 지식관리(Knowledge Management)

① 지식관리의 의의: 지식관리(Knowledge Management)는 조직에 내재되어 있는 지식을 공유·확산시키고 새로운 지식을 창조함으로써 행정조직의 역량과 부가가치를 제고하는 활동이다.

　㉠ 지식에는 암묵지(tacit knowledge)와 형식지(explicit knowledge)가 있는데 전자는 조직구성원 개인에게 내재되어 있는 지식을 말하고, 형식지는 외부로 표현되고 공식화 되어 있는 지식을 말한다.

　㉡ 지식관리는 숨어있는 암묵지를 형식지로 표출화시켜 조직이 활용할 수 있는 지식으로 만들어주고, 형식지와 형식지는 상호교환·연결하여 지식의 시너지효과를 만들어 내며, 새로운 암묵지를 끊임없이 만들어내는 지식창조활동에 있다.

　㉢ 이러한 지식활동을 지원해주시 위한 컴퓨터에 기반을 둔 시스템을 지식관리시스템(KMS: Knowledge Management System)이라고 하며, KMS는 조직의 지식을 입력, 저장, 축적, 활용할 수 있게 도와주는 시스템이다.

② 지식관리의 중요성: 지식의 한계는 조직의 지속가능성(sustainability)을 불가능하게 하는 요인이 되는데, 지식의 끊임없는 창출과 조직학습을

통하여 새로운 부가가치를 창출하지 못하면 생존성에 위협을 받게 된
다. 정부의 경우에도 복잡한 정책문제의 해결, 새로운 행정서비스의
창출, 국가의 경쟁력 제고를 위해서는 새로운 지식의 창출이 필수적
이다. 특히 행정혁신을 위한 정부조직의 재창조를 위하여서는 조직에
내재화 된 지식의 표출, 공유, 확산 및 활용과 새로운 지식으로의 변
형·진화 및 창출이 효과적인 혁신조건이라고 할 것이다. 지식관리는
지능적 행정, 지능적 정부의 구현을 위한 수단으로 정부의 문제해결
능력, 미래예측능력, 성과역량을 높이는 중요한 조건이 될 수 있다.
③ 지식관리의 순환과정: 지식수요 파악 → 지식획득 → 지식창출 → 지
　식공유 → 지식저장 → 지식활용→ 지식폐기→ 새로운 지식수요

03 지식정보화에서의 새로운 정부 모색: 지식정부

1. 지식정부의 의의와 대두배경

① 지식정부란 정보화 사회가 도래 및 확대됨에 따라 정부관료들이 관
　료조직에 필요한 지식을 보유, 활용, 학습, 공유, 인프라 확충 등을
　통해 지식을 배양함과 동시에 지식을 기반으로 한 경제시스템과 문
　제 해결능력을 보유하고, 정부 산업, 기업, 개인 등 개별 주체가 능
　동적으로 지식을 창조, 활용하는가를 의미한다.
② 지식정부에서는 주체들의 지식활동이 유기적으로 상호 연계되어 지
　식이 창조, 활용, 학습, 축적, 공유되는 국가로서 축적된 지식이 풍
　부하고 지식활동을 지원하는 인프라 즉 제도, 가치, 문화가 정비되
　고 공동체를 지향하는 국가이다.
③ 지식정부의 대두배경은 정보통신의 발달과 디지털 사회의 도래에
　따른 정부의 문제 해결 능력의 저하 극복과 국제경쟁력이 요구되

는 국제사회에서 부가가치 창출능력의 중요성이 증대되어 더 한층 고도화된 정부의 변화가 필요로 하게 되었다. 이에 이명박 정부도 지식경제부를 신설하게 된 배경이라 할 수 있다.

2. 지식정부의 특징

① 대내적 측면에서 국가의 문제해결능력, 미래예측능력, 성찰력 그리고 성과극대화 능력을 갖춘 정부이다. 지식정부는 지식, 정보의 관리와 이로 파생된 기술에 의존하여 국가문제해결 능력과 미래 예측 능력을 지니며 자기 성찰적 관점을 통해 평가결과를 인정하고 반성 및 시정을 통하여 지속적으로 피드백함으로써 성과 능력을 극대화하는 특징을 지닌다.
② 대외적 측면에서는 환경변화에 대한 유연성, 역동성, 투명성, 연계성, 혁신을 추구하는 정부로서 시민에 대한 반응성을 강조하고 있다(24시간 열린행정과 투명성: 민원전화 120). 또한 정부부처간 기능적 연계와 목표달성을 위한 통합을 통해 행정기능을 수행하고 정보지식의 기술혁신적 변화에 유연성과 부응하려고 노력하는 정부의 모습이다.

3. 민간기업의 지식경영과 CKO(Chief Knowledge Officer)의 역할

민간기업들은 2000년부터 급변하는 시장변화에 지식을 기업의 시장지배력과 기업의 생존전략으로 인식하게 되었다. 따라서 CIO에서 CKO(Chief Knowledge Officer)로의 역할이 변화되었다.

① CKO(Chief Knowledge Officer)는 지식경영과 관련된 일들의 전략적 우선순위를 결정한다. 전략적 우선순위의 가장 중요한 결정 기준은 조

직의 임무나 비전에 대한 적합성이다. 그 다음단계에는 단순한 지식 축적과 지식공유를 추구할 것이냐 혹은 지식생성과 확대재생산에 보다 초점을 둘 것이냐에 따라 전략적 우선순위를 달리 할 수 있다. 이 때 어느 것에 초점을 두는 가는 조직 규모나 목표, 특성에 따라 다르게 나타날 수도 있으며 또한 구성원의 가치관 등이 충분히 반영되어야 한다.

② 지식이 전략적으로 운영될 수 있도록 지식경영의 하부구조를 구축하는 것이다. 하부구조란 정보기술에 기반을 둔 기술적 구조로서 인적 하부구조를 중요시 한다. 즉, 다양한 기능 및 부서에서 축적된 지식을 조직의 목표달성에 적합하게 공유하고 활용하게 하는 메커니즘을 창출하는 것이다. 이러한 인적 하부구조를 창출하는 것은 제일 중요하고 어렵지만 지식경영을 통한 고도화 된 조직의 기능을 갖추려면 이러한 가치관, 문화 등이 미래 지향적인 조직문화로 정착하도록 CKO가 반드시 해결해야 할 임무이다.

③ 지식경영에 대한 CEO의 지속적인 지원의 유지가 확보되어야 한다. 이는 지식경영의 핵심성공 요인인 동시에, CKO의 기능수행에 장애요인을 극복하는 가장 효과적인 방법이다.

④ 끝으로 지식경영과 CEO의 역할이 성공적으로 이루어지기 위해서는 조직구성원에 대한 합리적인 평가와 적합한 보상체계가 이루어져야 한다. 지식경영을 수행하기 위한 조직 내의 기능적 연계가 중요하므로 기획과 인사, 재무 등의 부서가 목표달성에 기능적 통합이 달성되어야 한다.

 지식을 중요시 하는 조직: 학습조직

1. 학습조직의 개념

 지식관리의 목적은 학습조직의 구축이며, 학습조직의 구축은 지식관리를 활성화시킬 수 있다. 그리고 학습조직은 실패를 되풀이하지 않으며 새로운 교훈을 끊임없이 배워가는 조직이며, 새로운 정보와 지식을 업무에 적용함으로써 조직의 성장, 발전을 지속할 수 있는 조직이다.

2. 학습조직의 필요성

① 반복적 오류 방지: 행정의 정책실패를 되풀이 하는 것을 방지하기 위함이다.

② 행정환경에 적응: 새로운 지식, 기술, Know-how의 지속적 획득필요

③ 지식정보의 중요성: 국가 및 정부의 경쟁력 제고 수단

3. Senge의 학습조직의 구축모형: 5가지 실천원칙

① 공유비전(Shared Value): 조직이 추구하는 목표와 방향, 가치와 사명에 대하여 모든 조직 구성원간의 공감대 형성이 필요하다. 이를 위해 조직 구성원의 의견을 수렴하고 조율할 수 있는 참여적 문화형성이 중요함.

② 정신적 모델(Mental Model): 사물에 대한 종합적 인식이 강조된다. 선입견 배제, 준거틀 및 마인드 세트의 성찰, 사고의 전환이 필요함.

③ 개인적 숙련(Personal Mastery): 자기개발훈련이 필요하다. 자기효능감에 입각한 개인의 능력 확대가 요구된다.

④ 팀 학습: 공동체의 역량 확대를 위한 지식, 관점, 의견의 상호교환이 필요하다. 대화와 토론의 장을 마련해야 한다.

⑤ 시스템적 사고: 전체를 볼 줄 아은 총체적 사고가 필요하다. 부분들 사이의 인과관계, 역동적인 관계를 이해하면 능력이 획기적으로 향상된다.

인사행정의 성립과정

01 정실주의와 엽관주의

인사행정의 성립으로 관료임용은 임용기준에 따라 크게 정실주의, 엽관주의, 실적주의로 나누어 볼 수 있다. 정실주의는 학연, 지연, 혈연, 개인적 친분 등 인적관계로 임용되는 제도를 말하며, 엽관주의는 정당정치의 발달과 더불어 발전한 미국과 같은 민주사회에서 주로 정치적 요소를 바탕으로 공직자를 채용하는 것이다. 반면에 정실주의와 엽관주의와는 전혀 다른 제도로서 시험을 통과한다든가, 당사자의 능력과 실력 등의 구비조건에 따라 공직임용의 기회가 주어지는 제도이다.

1. 정실주의

(1) 개념

정실주의(Patronage System)란 공무원으로서의 능력과 실력이 아닌 혈연, 지연, 학연, 개인적 친분, 개인적 충성심 등의 요인이 판단기준이 되어 공직에 임용하는 제도를 의미한다.

(2) 성립 배경

① 영국에서 시작되어 1688년 명예혁명 이후부터 절대군주정치에 대항하면서 의회와 정당제도발전과 함께 성립·전개되었다.
② 임용된 관료는 군주의 개인적으로 충직한 부하의 개념에서 의회와 정당이 필요로 하는 행동인으로서의 역할로 변화되었다. 즉 절대군주의 하수인으로 절대복종에 대한 혜택으로서의 관직임용은 정치조직의 목적달성을 위한 사용인으로서 역할에 대한 대가로서 관직을 부여한 것을 말한다(은혜적 정실주의 → 정치적 정실주의).

2. 엽관주의

(1) 개념

① 엽관주의(Spoils System)란 정당과 선거에 대한 공헌도에 의한 공직충원제도이다. Spoils란 개념은 원래 전쟁에서 노획한 전리품을 말한다. 인사행정에서의 전리품이란 선거에서 승리한 후 차지한 관직임용권을 말하며, Spoils system은 선거에 승리한 권력자가 선거에 승리하도록 도와준 지지자를 공직에 임용시키는 제도를 의미한다.
② 엽관주의는 정실주의와 함께 실적주의와는 크게 대비되는 개념으로서 정치적 공헌도 등에 의한 보상으로 공직에 임용하는 제도이다(예 청와대의 비서관들은 대부분 엽관주의 개념에서 임용된다고 보는 것이 현실적이다. 특히 전두환은 군사 쿠데타를 통한 정권창출에 기여한 허삼수, 허화평 등을 각각 정무와 민정수석 비서관으로 임용한 사례).

(2) 성립 배경

① 엽관제도는 미국에서 발달되기 시작되었으며, 제3대 Jefferson 대통령

부터 부분적으로 시행하여 제5대 대통령 Monroe는 공무원의 임기를 대통령의 임기와 같이 4년으로 맞추는 등 엽관주의를 법제화하였다.
② 서부 개척민의 지지를 받아 당선된 제7대 Jackson 대통령은 정권교체에 이은 공직경질원칙을 적용하면서 1829년 엽관주의를 정식화시키면서 널리 발전되었다.
③ 정당정치와 민주주의의 발전: 미국의 선거제도와 양대 정당운영이 엽관주의의 발달을 촉진시켰으며, 민주정치의 평등원칙의 강조 사조는 국민에게 관료임용을 개방하는 것이 행정의 민주화 달성이라는 인식을 갖게 되었다.
④ 행정업무의 단순성: 당시의 행정은 행정업무가 양적, 질적으로 전문성을 요하는 사무가 아니었으므로 전문 관료로서의 능력이 필요하지 않았다는 점에서 엽관주의의 성립을 촉진시켰다.

3. 엽관주의의 장점과 폐해

(1) 장점

① 정당정치 발전과 정치이념의 실현이 가능하다.
② 정당을 중심으로 국민의 여론을 의식하기 때문에 민주통제를 가능하게 해주며, 행정의 민주화를 도모한다.
③ 공직임명권자에 의한 경질이 용이하므로 관료주의화와 특권집단화를 방지할 수 있으며, 행정조직의 활성화를 기할 수 있다.
④ 관료의 충성심은 기본전제가 된다.
⑤ 행정조직이 정치적 변동과 정권교체 등의 환경변화에 적응할 수 있는 기회를 제공해준다.

(2) 폐해

① 정치적 중립성 저해: 정치적 임용인 엽관주의 자체가 정치적 당파성을 가지므로 공무원의 정치적 중립성과는 거리가 멀다.
② 공무원 신분의 미보장: 정권교체와 책임성에 따라 경질되기 때문에 직업공무원적 신분은 보장되지 않는다. 신분불안은 관료의 대표성과 책임성의 확보를 어렵게 하며, 행정조직의 안정성·계속성·중립성을 기할 수 없게 하고 전문성·기술성의 확보와 유지에도 문제가 된다.
③ 행정의 능률성 저하: 선거, 정당에 대한 기여도, 충성도 등이 임용의 요인이 되며, 행정의 전문지식이나 경력, 경험 등이 고려되지 않은 관직임용 제도이므로 업무나 예산의 낭비 등 행정전반에 걸친 능률성 확보를 기대하기는 어렵다.
④ 집권당의 사병화: 관료는 집권당의 영향을 받으면서, 국민 전체의 이익보다는 정당의 이익과 같은 특수 이익에 더 몰두하는 가운데 부정부패의 요소가 증대될 수 있다.

02 실적주의

1. 의의

(1) 개념

① 실적주의(Merit System)란 공직임용과 인사관리의 기준을 정실주의적 요소와 엽관주의적 요소와는 무관한 개인의 능력·자격·성적에 두는 제도를 말한다.
② 실적주의는 엽관의 폐해를 방지하고자 하는 제도로서 성립되었으며,

전문성을 바탕으로 한 평생 직업을 강조하는 직업공무원제도의 성립과 확립에 기여하였다.

③ 직업공무원제는 폐쇄형 임용제를 전제로 하지만 실적주의는 반드시 폐쇄형 임용제를 취한다고 볼 수는 없다.

(2) 성립과 발전요인

① 엽관주의적 모순 해결: 정당정치의 부패와 엽관주의적 폐해에 따른 정치행정이원론적 입장이 강조되었으며, Wilson의 '행정관리설'도 맥을 같이 한다.

② 거대 행정국가화: 행정기능의 양적·질적 변화와 행정업무의 전문성과 복잡성 증대는 전문적 능력을 갖춘 유능한 공무원을 필요로 하게 되었다.

③ 행정의 능률성 요구 증대: 국민들의 정치의식수준이 높아짐으로써 효율적 예산운영 등 능률성과 절약이 요구되었다. 이러한 국민의 요구에 대한 행정의 대응은 전문적 지식과 능력을 갖춘 관료만이 가능할 것이다.

2. 실적제의 성립과정

(1) 미국

① 미국은 엽관제를 개혁하기 위하여 1860년대 이후부터 실적제를 정착시키기 시작했는데 ㉠ 1865년에는 공무원제도개혁에 관한 법률안을 마련하였고 ㉡ 1871년에는 공무원제도를 개혁하였으며 ㉢ 1880년에는 공무원제도에 대한 연구를 시행하였고 ㉣ 1881년부터는 전국 공무원제도 개혁연맹의 활동이 강화되었다. ㉤ 엽관제를 주장하던 가필드 대통령의 암살을 계기로 실적제는 더욱 탄력을 받았다.

② 공무원제도개혁운동은 실적제 도입을 위해 연방인사법으로 펜들턴 법(Pendleton Act, 1883년)의 제정으로 정립되었다.

③ Pendleton Act의 주요내용: ㉠ 초당적·독립적 중앙인사위원회의 설치
㉡ 공무원의 정치활동금지 ㉢ 공개경쟁 채용시험에 의한 공무원 임용
㉣ 시보기간의 설정 운영 ㉤ 임용 시 전역군인에 대한 특혜 인정
④ Hatch Act: 1939년에 제정된 해치법안은 펜들턴 법의 정치활동금지
에서 보다 포괄적으로 공무원의 정치적 중립의무를 강조하였다고 볼
수 있다.

(2) 영국

① Northcote – Trevelyan(1853년) 보고서: 공무원 제도개혁에 관한 내용
을 제시한 보고서로서 정실제의 한계를 극복하기 위함이었다.
② 공무원제도 개혁운동은 1차 추밀원령(1855년)과 2차 추밀원령(1870년)
을 제정하여 영국의 실적제가 본격화되었다.
③ 추밀원령의 내용: ㉠ 공무원의 공개경쟁채용 시험제도의 확립 ㉡ 계급의
분류(3가지) ㉢ 독립인사위원회의 설치 ㉣ 재무성의 인사권 강화 등
④ 영국의 공무원임용제는 전통적으로 직업공무원제를 채택하고 있는데,
영국의 황실을 보호할 수 있는 전문적 대규모의 집단을 필요로 하면
서 성립되었다. 따라서 영국의 공무원들은 철저한 신분보장과 함께
물질적인 보장을 확실히 해주었다.

3. 실적주의의 기준(특성)

① 직무수행능력
② 생산성
③ 교육수준
④ 전공분야
⑤ 근무경력
⑥ 임용 전 경력 및 직무교육

4. 실적주의의 내용

(1) 공직 임용에 대한 기회균등

모든 국민은 공직 임용 시 인종, 출신지역, 종교, 학력 등에서 차별받지 않고 기회가 균등하게 주어진다는 것이다.

(2) 공개경쟁시험을 통한 채용

공직 임용 기준은 정실과 엽관주의적 요소에 의하지 않고 공개경쟁시험을 통해 선발된다는 점이 실적제와 두 제도와의 가장 큰 차이점이다.

(3) 능력·자격·성적에 의한 인사관리체제

공무원 임용 시와 임용 후에도 능력·자격·성적(실적) 등에 의해 관리·운영된다는 것을 말한다.

(4) 공무원의 신분보장

공무원은 공무원 인사법에 규정된 내용에 위반되지 않는 한 신분상의 불이익(부당한 인사관리, 처벌, 면직 등)을 받지 않는다는 것으로써 공무원의 사기와 능률성 증진에 기여하며, 공무원에게는 가장 큰 장점이라고 볼 수 있다.

(5) 정치적 중립

공무원은 정당에 가입해서도, 특정 후보자를 지지해서도 안 된다는 것과, 어떤 정치적 변화에도 신분이 보장되는 의미를 말한다. 또한 국민의 공익달성을 위한 봉사자로서 맡은 바 직무를 성실히 수행한다는 것으로 넓은 의미를 가지고 있다. 이 정치적 중립은 실적주의를 기본원칙으로 하고 있다.

5. 실적주의의 장점과 단점

(1) 장점

① 민주주의적 평등이념 구현: 모든 국민에게 공직 임용의 기회를 균등히 보장해 줌으로써 민주주의적 평등이념을 달성하는 데 기여한다.

② 행정의 전문성과 능률성 확보: 시험을 통하여 행정이 원하는 조건의 능력 있는 공무원을 선발·채용함으로써 행정의 전문성 확보와 능률성 증진을 도모할 수 있으며, 객관적 기준에 의거 공무원을 관리하기 때문에 과학적·합리적 인사행정 구현에 기여한다.

③ 공무원의 신분보장: 행정의 계속성·안정성 확보와 행정의 전문화를 더욱 촉진시키며, 직업공무원제의 정착과 발전에 기여할 수 있다(공무원의 신분보장은 장점과 단점의 양면성을 가지고 있다).

(2) 단점

① 민주주의 발전과 정당정치의 제약성: 지나친 정치적 중립의 강조는 정당정치를 기본으로 한 민주주의 발전을 저해하고 집권당의 정책추진을 어렵게 만들었다.

② 관료의 특권집단화: 공무원의 지나친 신분보장은 특권집단화를 초래함으로써 관료주의화와 더불어 민중통제(정치적 통제, 국민의 통제)는 더욱 어려워진다.

③ 인사행정의 소극성과 경직성·집권성·비능률 초래: 정실주의와 엽관주의적 요인을 배제하는 데 중점을 둠으로써 실적제의 기본인 우수한 인재임용 측면과 인사운영의 효율화 추구를 소홀히 하였으며, 각 부처보다는 중앙기관에 기능을 집권화 하는 현상을 초래하였다.

④ 행정의 정치성과 가치 측면의 강조 실패: 인사행정은 정치환경과의 상호작용 하에서 이루어지고 있다는 정치적인 측면과 사실 지향적이면서

도 가치지향적인 행정의 특성을 인식하지 못했다.

⑤ 인사행정의 운영상 문제점: 초기의 실적주의는 정치성을 강조한 엽관주
의제의 폐해를 극복하기 위해 능률성을 추구하는 관리와 구조적·절
차적 합리화에 치중함으로써 인사행정운영에서의 비인간화, 비민주화
와 함께 기계화를 탄생시켰다.

⑥ 임용자격요건과 시험은 직무수행 능력을 평가하는 중요한 기준인데,
이들 간의 연계성이 미흡하다.

03 적극적 인사행정제도

1. 개념

적극적 인사행정이란 폐쇄적이고 경직된 실적주의의 한계를 극복하고자
실적제에 엽관제적 요소를 가미시켜 신축성과 융통성을 확보하는 인사행정
제도를 말한다. 즉 적극적 인사행정제도는 실적주의의 경직성·소극성·집
권화를 완화시키고, 과학적·합리적 인사관리의 강조로 인한 인간성의 상
실과 같은 내부적 한계를 유연하게 해결할 수 있도록 하기 위함이다.

2. 적극적 인사행정제도 확립방안

(1) 적극적 모집

모집은 공무원이 되고자 하는 유능한 잠재적 인적자원을 발굴해서 공무
원 채용시험에 지원하도록 유도하는 활동을 말하며, 적극적 모집은 유능한
인재들이 공직에 많이 지원하도록 유도하기 위한 여러 가지 요인을 제공하

는 것을 말한다. 소극적 모집은 채용계획을 국민에게 공개하고 지원자를 기다리는 자세지만 적극적인 모집은 공직이 민간기업에 비해 여러 가지 상대적 혜택 등을 통해 우위를 점유하도록 하는 모든 관리활동을 의미한다. 제도적으로 공개채용시험을 기본으로 하고, 개방형 임용 제도를 확대시켜 폭넓은 임용을 해야 한다는 것을 말한다. 그 후속 조치로 적정한 보수와 사기 및 능력발전, 공무원에 대한 사회적 평가와 인식 증진 노력이 병행되어야 우수한 인재가 공무원으로 지원할 것이다.

(2) 공무원의 능력발전

교육훈련은 공무원의 능력발전을 위한 기본적인 요소이다. 교육훈련은 공무원의 능력을 개발하고 직무에 필요한 지식과 기술을 연마하며, 행위와 태도를 조직목표에 맞추는 활동이다. 이러한 체계적인 교육훈련의 목적을 달성하기 위해서는 객관적인 근무성적평정제도를 잘 활용해야 하며, 근무성적평정은 교육훈련의 수요측정이나 적재적소 배치 등의 용도로 활용해야 한다. 또한 승진·전직·전보 등의 인사관리제도를 효율적으로 운영하여 공무원의 능력발전을 도모한다.

(3) 실적주의에 엽관주의적 특성 가미

실적주의에 비해 엽관주의는 정치적인 요소를 강하게 띠기 때문에 집권당의 선거공약과 정책약속을 이행하는 데 유리하다. 따라서 보편적인 행정관료와 개방형으로 임용된 관료들의 조화를 추구한다. 정책 추진에 힘을 실을 수 있는 고위직에 엽관주의적 관료 임용을 가미하는 것을 말한다.

(4) 민주적 인사관리제도

민주적 리더십, 조직원에 대한 Y론적 관리, 참여와 하의상달 등을 바탕으로 승진, 전보 등에 있어서 공평하고 합리적인 인사관리제도를 정착시켜야

한다. 또한 공무원의 사기진작을 위해 인사상담제도·고충처리제도·제안
제도의 적극 시행과 공무원단체의 활성화, 활발한 커뮤니케이션의 보장 등
이 이루어져야 한다.

(5) 인사권한의 분권화

인사권한의 분권화는 각 기관장의 책임성과 자율성을 높이고 조직의 활
성화를 기할 수 있다. 현재 우리나라는 집권화로 중앙인사기관인 행정자치
부와 중앙인사위원회에 많은 인사권이 부여되어 있다.

(6) 대표적 관료제의 확대

행정의 형평성·민주성·대응성을 높일 수 있도록 각 계층과 집단에서
그들의 이익을 정책에 대변하도록 관료로 임용하는 대표적 관료제를 확대
시켜야 한다.

04 인사체제의 유형

1. 개방형 실적주의와 폐쇄형 실적주의

(1) 개방형 실적주의

① 개념: 계급과 직급에 관계없이 공석이 발생하였을 때 외부로부터 신규
   채용이 허용된 임용제도이다. 즉 공석 충원에 대한 외부 신규 채용비
   율이 내부승진 임용 비율보다 높은 제도를 개방형 공무원제라 말한다.
   일반 행정관료보다는 전문성을 요하는 직무에 임용될 수 있는 전문행

정가에게 유리하다. 직위분류제는 개방형 실적주의에 속하며, 직위분류제는 미국, 캐나다와 같은 산업사회국가에서 주로 채택하고 있다. 우리나라는 국가공무원법 제28조 제4항에 의거 임용권자에 의해 해당 기관의 직위 중 전문성과 효율적인 계획수립을 위해 전문 인력이 필요하다고 판단되는 직위를 선정할 수 있다고 규정되어 있다(중앙인사위원회의 직위선정 및 관리 기능).

② 지정범위: 개방형 직위의 지정범위는 소속 장관별로 1급에서 3급 공무원까지 또는 이에 상당하는 공무원으로 임용할 수 있는 직위 총수의 100분의 20 범위 내에서 지정하되, 중앙행정기관과 소속 기관 간 균형을 유지하도록 해야 한다. 다만 소속 장관은 필요하다고 인정하는 경우 중앙행정기관의 과장급 직위 총수의 20% 범위 안에서 개방형 직위를 지정할 수 있으며, 지정하는 경우는 그 실시성과가 크다고 판단되는 기관, 공무원의 종류 또는 직무분야를 고려해야 한다(개방형 직위의 운영 등에 관한 규정: 개정 2006. 7. 1).

③ 임용절차 및 기간: 개방형 직위는 계약직으로서 기간은 최소 2년 이상으로 5년의 범위 안에서 소속 장관이 정한다. 반드시 외부임용은 아니며, 경력직 공무원인자가 특별채용으로도 개방형 직위에 임용될 수 있으며, 계약만료 후에는 경력직으로 복귀한다.

④ 개방형 실적주의의 장·단점

㉠ 장점: 전문행정가의 임용으로 경직된 관료조직의 분위기 쇄신과 활성화를 기할 수 있으며, 이들에 의한 행정에 대한 민주적·비제도적 통제가 증진된다.

㉡ 단점: 전문성이 부족한 기존의 일반행정관료는 폭넓은 시야를 통한 능력발휘가 어렵고, 외부임용으로 인한 승진기회의 박탈로 기존 공무원의 사기를 저하시킬 수 있다. 직위분류제에 의해 임용된 전문관료는 계약직이므로 신분보장이 직업공무원제보다는 낮아서 행정의 안정성과 직업공무원제 확립을 저해시킨다. 또한 전문성으로 인한 할거주의로 조정과 협조가 어려운 면도 있다.

(2) 폐쇄형 실적주의

① 개념: 신규 채용이 원칙적으로 최하위 직급에서 시작되며, 중간에 외부경력자가 임용되지 못하는 제도로서 내부승진을 통하여 상위 직급으로 승진하는 것을 말한다. 따라서 이 인사운영제도는 계급제에 기초하여 내부 승진비율이 외부 신규임용보다 높은 경우이다. 계급제와 직업공무원제는 폐쇄형 실적주의에 해당되며, 일반 행정가에게 유리한 제도로서 주로 농업을 중심으로 한 가부장적 전통사회의 영국, 독일, 일본 등에서 발달하였다.

② 폐쇄형 실적주의의 장·단점

　　㉠ 장점: 공무원의 신분보장과 승진기회가 넓어서 사기증진에 효과적이며, 직업공무원제 정착에 유용하다. 보편적이고 폭넓은 시야와 경력을 가진 일반행정관료 중심체제이므로 행정조정과 협조가 용이하다.

　　㉡ 단점: 행정의 전문성이 낮아 행정의 질이 저하되기 쉬우며, 강력한 신분보장과 장기적인 직업보장으로 무사안일주의, 관료주의화, 특권집단의식화로 행정에 대한 민주적 통제가 어려워진다. 또한 인사적체가 심해 조직의 결속력을 저하시킬 수 있다.

2. 교류형과 비교류형

(1) 교류형

① 개념: 직무의 성격이 같은 직책끼리 자리이동이 자유로운 인사체제를 말한다. 즉 기관 간 공무원의 인사이동을 말하는 것으로서 중앙부처 간 또는 중앙정부와 지방정부 간의 이동을 포함하고 있다.

② 장·단점

　　㉠ 장점: 인사이동이 자유롭기 때문에 조직의 활성화를 기하고 경력발전의 기회가 발생하여 인력활용 측면에서도 고립화 방지와 인력활용

의 융통성을 증진시킨다. 또한 업무시야의 폭을 넓혀주며, 자리이동
으로 인한 인적관계 형성으로 기관 간의 협조와 조정에 기여한다.

ⓛ 단점: 업무의 비전문화와 인사관리상의 복잡성 발생(연금이전과 근
무성적평정 등), 전입자에 대한 배타적 사고가 문제시된다.

(2) 비교류형

① 개념: 공무원의 소속과 근무의 범위가 하나의 기관에 국한되어 있는
인사체제이다. 즉 교류형과 같이 기관을 초월한 자유로운 인사이동이
허용되지 않고 있다.

② 장·단점

㉠ 장점: 한 기관에 계속 근무하기 때문에 연금과 보수 등의 인사처리
가 용이하다. 따라서 공무원의 인사이동이 발생할 때마다 연금과
보수 등의 서류처리가 부가적으로 수반되지 않는다.

ⓛ 단점: 부처별 폐쇄적인 사고가 증대되며, 기관별 인력의 불균형(수
적, 질적)을 발생시킬 수 있다. 정부전체의 조정활동의 제약과 이동
이 없기 때문에 개인 경력발전의 기회가 축소되며 인력활용의 융통
성도 저해된다. 또한 기관별 승진공석이 고르지 못하기 때문에 타
기관과 비교 시 승진의 불공평성으로 인해 해당 기관 공무원의 사
기저하가 우려된다.

05 직업공무원제

1. 의의

(1) 개념

직업공무원제도란 영국·프랑스·독일 등에서 시작되었는데, 공직이 유능하고 젊은 인재에게 개방되어 있고, 업적에 따라 명예로운 높은 지위에로의 승진기회가 보장되어 공직을 최고의 직업으로 인식하고 평생을 공직에 바치도록 조직·운영되는 공무원제도를 말한다. 그리고 이 제도는 외부로부터의 임용보다 공석 발생 시 하위직으로부터 상위직으로 승진을 원칙으로 하는 폐쇄형 임용제도로서 신분보장성이 제일 강한 점이 가장 큰 특징이다.

(2) 특성

① 장기 근무를 원칙으로 하므로 젊고 유능한 인재 유치에 노력한다.
② 현재 직무능력이 아닌 장기적 발전가능성과 잠재력을 중요시한다.
③ 전문행정가보다는 폭넓은 지식을 가진 일반행정관료 양성을 목적으로 한다.
④ 최하위 직급에서 상위직으로 내부 승진하는 폐쇄형 임용체제이다.
⑤ 공무원의 강력한 신분보장으로 공직의 안정성과 정책의 일관성·계속성을 확보한다.
⑥ 실적주의는 공무원의 정치적 중립을 원칙으로 하지만 직업공무원제는 반드시 정치적 중립을 강조하지는 않는다.

2. 직업공무원제의 수립요건

(1) 폐쇄형 실적주의 운영

직업공무원제도의 가장 큰 장점은 누구든지 최하위직으로부터 고위직으로 승진할 수 있다는 특징을 가지고 있다. 이러한 제도를 폐쇄형 실적주의라 하는데, 이는 외부로부터의 임용이 쉽지 않으므로 기존 공무원의 승진기회가 많아 사기를 높일 수 있다.

(2) 공무원에 대한 높은 사회적 평가

공무원이라는 직업에 대해서 사회적인 높은 평가를 인정받아야 공무원은 자부심을 가지고 공적인 자세로 임무에 충실하게 될 것이다.

(3) 신분보장

직업공무원제는 공무원을 평생직장과 전문직업인으로서 보장을 받는 것을 의미하며, 개인의 과오로 인하지 않고는 해직을 당하지 않는 강력하고 철저한 신분보장이 뒷받침되어야 한다.

(4) 보수의 적정화와 연금제도의 확립

공무원의 보수가 생활에 불편함이 없이 사회적인 수준과 비교해 안정된 생활이 될 수 있도록 보장하는 것이 매우 중요하다. 낮은 공무원의 보수는 부패를 야기할 수 있으며, 사회직업에 대한 선호가 심리적으로 존재하면 능률성과 창의성이 떨어지게 된다. 또한 공무원이 정년을 마치고 퇴직 후의 생계에 대한 불안감을 갖게 되면 직업의 안정성이 저해되므로 합리적인 연금제도가 확립되어야 한다.

(5) 유능한 인재의 채용과 승진의 보장

사회 초년생들에게 직업의 안정성을 보장해 줌으로써 유능한 인재를 채용하고, 하위직에서도 상위직까지 승진할 수 있는 제도가 보장되어야 한다.

(6) 합리적인 인사제도와 능력발전

교육훈련 및 승진제도를 비롯해서 전직·전보제도 등 인사관리에 있어서 합리적이고 민주적인 운영은 능력발전과 함께 직업공무원제도가 확립된다.

(7) 효율적 인력수급계획의 수립 및 시행

현재 공무원의 연령구조, 이직률, 근무연한, 적성·능력 등을 고려한 장기적 직급별 인력수급계획을 수립·시행함으로써 효율적인 인사행정제도를 마련해야 한다.

3. 직업공무원제의 장·단점

(1) 장점

① 행정의 정치적 중립성·안정성·계속성 유지
② 공직자로서의 충성심과 책임성·단결심·공복의식 강화에 이바지
③ 행정의 능률성과 공익실현에 효과적
④ 신분보장과 승진기회의 확대로 공무원의 사기증진에 기여
⑤ 폭넓은 시야와 경력을 갖는 일반 행정가 및 고급공무원을 육성할 수 있어 장기근속으로 유도할 수 있다.
⑥ 사기업에 비해 높은 직업보장으로 유능한 인재의 유치가 가능하며, 국가정책의 지속성을 확보할 수 있다.
⑦ 일체감과 봉사정신 강화

(2) 단점

① 행정의 질 저하와 공직분위기의 침체: 일반행정관료 중심의 폐쇄형 실적
주의이므로 필요시 적정한 경력과 전문성을 가진 전문가 채용이 곤란
하여 행정의 전문화·기술화가 저해되며, 공무원과 행정의 질이 떨어
지게 된다. 또한 폐쇄성으로 인해 조직이 보수화 될 수 있다.
② 행정의 대응성 부족과 민주통제의 약화: 지나친 신분보장으로 공무원의
관료주의화, 특권집단의식화를 초래할 수 있기 때문에 민주통제가 용
이하지 못하다. 민주통제는 민중통제, 국민통제, 입법부의 통제와 같
은 의미이다.
③ 법 앞의 평등에 위배: 공직임용 시험응시에 학력과 나이의 제한은 기회
를 모두에게 주지 않는 것이므로 민주주의의 기본원리인 기회균등의
원칙에 위배된다.
④ 관료적 병리현상 초래: 장기근무와 직업보장으로 환경변화에 둔감하여
무사안일에 빠지거나 개혁과 변화를 두려워하고 저항하는 관료적 병
리현상이 발생할 수 있다.
⑤ 승진적체와 승진경쟁이 과열화되어 조직의 결속력을 저하시킨다.

4. 우리나라 직업공무원제도

(1) 개선방안

① 현대행정에서는 공무원의 전문지식이 요구되는데 일반행정관료 중심
의 채용은 직무별 전문능력수준을 저하시키므로 전문행정가 중심의
직위분류제 요소를 가미시킬 필요가 있다.
② 외부 전문인력 충원의 기회를 축소시키는 폐쇄형 임용제도에서 개방
형 충원제로의 확대를 추진하고 있다. 이는 공무원의 무사안일과 질
적 저하를 방지할 수 있으며, 행정의 대응능력을 증진시킬 수 있다.

③ 정년까지의 직업보장으로 무사안일과 적당주의가 만연 될 수 있어 인
   력의 비효율성을 초래하고 있다. 따라서 경쟁성을 통한 차별화 도입
   과 신분보장을 완화시켜 행정의 대응성·능률성·효율성·전문성을
   높여야 할 것이다.

(2) 실제 개혁내용과 과제

① 개방형 직위제도의 운영: 중앙부처 국·실장급 직위 중에서 고도의 전
   문성이 요구되거나 효율적인 정책수립이 필요한 38개 부처 129개 직
   위(1999년)와 40개 부처 132개 직위(2002년)를 개방형으로 지정·운
   영하고 있다(임용기간은 5년의 범위 내에서 소속 장관이 정함).
② 계약직 공무원의 임용확대: 정부부처 5급 이상 직위 중에서 전문성이
   필요한 분야인 대외통상, 협력 등 국제관계 업무분야와 환경, 정보통
   신, 교통, 도시계획, 과학기술 업무분야 등의 직위를 계약에 의해 임
   용시키고 있다.
③ 연봉제와 성과급제 실시: 4급 이상의 공무원과 모든 계약직 공무원에
   대하여 연봉제를 적용하고, 과장급 이하에 대해서는 부서별로 순위를
   결정하여 연말 성과급을 차별적으로 지급하고 있다(2000년).
④ 책임운영기관제의 도입: 공공부문 중 경쟁성과 자율성, 사업적 성격이
   필요한 기관을 책임운영기관(Agency)으로 지정하여 운영하고, 장은 계
   약직으로 해당 장관이 임용권을 가지고 있다. 이는 영국이 정부개혁
   을 위해 실시한 Next Step Program에서 도입하였다.
⑤ 민간근무 휴직제도 도입: 민간인이 공무원으로 민간기업 또는 비영리단
   체에 근무할 수 있는 기회를 부여한 제도이다.

민간근무휴직제

(1) 개념

　공무원들이 휴직계를 내고 일정기간 공직과 관계되지 않은 민간기업이나 비영리 민간단체에 취업해 실무 경험과 최신 경영기법 등을 배워 공직사회 전문화를 촉진시키기 위해 도입된 제도이다.

(2) 대상

　실무경력 3년이 넘는 만 45세 이하 국가직 공무원으로 4~5급 공무원이 주요 대상이고, 6~7급도 기업에서 요청할 경우 일부 예외적으로 인정된다. 다만 휴직자들이 직위를 이용해 민간기업에 혜택을 주는 것을 막기 위해 휴직 예정일 전까지 3년간 근무했던 업무가 민간기업과 밀접한 관계가 있으면 선발 대상에서 제외되며 복직 후 2년간 휴직 중 근무했던 기업과 관련 있는 부서에는 배치되지 못한다.

(3) 휴직기간과 보수

　휴직기간은 최장 3년이며, 보수는 해당 민간기업에서 받는다. 휴직자들의 휴직기간은 승진, 경력 평정, 호봉 승급 등에 그대로 반영돼 휴직자들은 휴직에 따른 불이익을 받지 않는다.

(4) 제한사항

　기업 근무 중 임원직을 맡을 수 없으며, 퇴직금이나 주식매수청구권 등의 특혜도 받아서는 안 된다.

지역인재추천 채용제(인턴제)

　학업성적이 우수한 대학졸업(예정)자를 3년 범위 내에서 견습(인턴)으로 근무하게 하고, 근무기간동안 근무성적 등이 우수한 때에는 6급 이하의 공무원으로 임용하는 제도(이 경우 특별채용시험은 면제)

06 직위분류제와 계급제

1. 직위분류제

(1) 개념

직위분류제(position classification)란 행정조직 내의 수많은 직위를 직무의 종류와 수준(직무수행의 곤란도와 책임도)에 따라 분류하여 임용하고 관리하는 제도를 말한다. 직무중심의 분류제도로서 직위에 포함되어 있는 직무의 특성이나 차이를 기준으로 하여 유사한 직무를 분류하는 수평적 분류와 직무의 곤란성과 책임성이 유사한 직무를 수직적으로 분류하고 있다. 능률성을 추구하기 위한 것으로써 직위가 가지고 있는 직무를 분석하고 평가하여 거기에 맞는 적합한 지식과 기술 그리고 능력을 가진 인재를 배치하겠다는 것이다.

(2) 성립 및 발전

① 산업사회를 배경으로 한 미국에서 발달하여 캐나다, 필리핀 등에서 채택하고 있다.
② 발달과정은 1912년 시카고 시정부에서 채택되어 1923년 분류법을 제정, 워싱턴에서 한정 실시, 1949년 신분류법이 제정되었다.
③ 미국에서 직위분류제가 발전하게 된 배경과 이유는 ㉠ 과학적 관리법의 영향으로 직무분석과 직무평가 방법이 발달 ㉡ 엽관제로 인한 보수의 불평등과 사기저하 해소 ㉢ 절약과 능률지향적인 개혁운동의 일완 ㉣ 전문기술과 전문지식을 소유한 공무원의 필요성 대두 ㉤ 전통적 실적제 중심인 미국관료제에 엽관주의적 요소의 가미가 필요

(3) 특징

① 각 개인의 직무에 대한 업무수행능력·지식·기술을 중시한다.
② 모든 직급과 계층에서 외부의 인사를 채용하는 개방형 임용제도이다.
③ 전문성을 기초로 한 직무분류체계이므로 일반행정관료보다는 직무에 적합한 전문행정가가 필요하다.
④ 직무에 맞는 적합한 인물을 임용·배치하므로 업무의 능률성과 합리성을 증진시킬 수 있다.
⑤ 직위분류제에 의한 직급과 등급은 서로 직무의 책임도와 곤란도에 따라 분류되었기 때문에 보편적인 업무중심의 계급제에 비해서 상위직과 하위직 간의 계급의식이나 위화감이 줄어든다.

2. 직위분류제의 수립절차

(1) 직위분류제의 개념

① 직위(position): 공무원 한 사람에게 부여할 수 있는 직무와 책임을 말하며, 분류의 최소 단위에 해당한다. 직위는 모든 사람에게 부여되므로 직위의 수와 직원의 수는 동일한 개념이 된다.

② 직급(class): 직무의 종류, 곤란성과 책임도, 자격조건이 매우 유사한 직위의 군을 말한다. 동일한 직급에 속하는 직위에 대해서는 임용·보수·기타 인사관리를 동일하게 적용할 수 있다. 직급의 수는 직위의 수보다 적은 개념으로 직급을 합하면 직위가 된다(예. 4급을 모으면 과장의 군이 됨).

③ 직군(occupation group): 직무의 성질이나 종류를 넓게 구분하여 볼 때, 유사한 직렬의 군을 말하며 가장 큰 분류단위이다.

④ 직렬(series of classes): 직무의 종류는 유사하지만 곤란도와 책임도가 상이한 직급의 군을 말한다.

⑤ 직류(subseries): 직류는 직렬을 다시 세분화 한 것으로서 동일한 직렬 내에서 업무분야가 동일한 직무의 군을 말한다.

⑥ 등급(grade): 직무의 종류는 다르지만 직무수행의 책임도와 곤란도 및 자격요건이 유사하여 동일한 보수를 지급할 수 있는 기준으로서 직위의 횡적인 집합을 말하며 일종의 계급을 의미한다. 즉 행정직렬의 인사담당자와 세무직렬의 경리담당자를 비교할 때, 업무성격, 즉 직무의 종류는 다르지만 업무의 곤란성과 책임수준이 유사하다면 같은 등급으로 분류해서 같은 보수를 지급할 수 있다는 것이다.

(2) 직위분류제의 수립과정

① 준비단계(preparation): 먼저 분류작업을 위한 법적 근거를 마련하고 중

앙인사기관에서 분류대상 직위와 전문지식을 가진 분류담당자를 선정해야 한다. 전문담당자는 분류를 위한 자료수집·분석·평가를 담당하게 된다. 그 다음은 직위분류에 대한 홍보와 대상공무원을 설득하는 작업이 필요하다. 왜냐하면 직위분류를 조직개편으로 인식하여 저항과 왜곡된 정보제공 또는 비협조적일 때는 자료수집이 매우 어렵기 때문이다. 정확한 자료는 분류결과의 정확성과 공정성을 확보해준다.

② 직무조사(collecting of information – 직무기술서 작성): 분류대상 직위의 업무에 대한 내용을 수집하고 분류작업에 맞게 작성하는 작업을 말한다. 이 조사에서는 객관적으로 실제하고 있는 업무의 내용, 책임도, 곤란성, 직무자격요건 등에 관한 모든 자료를 확보해야 한다. 이 직무조사 단계에서 해당 공무원은 직무기술서를 작성하게 된다. 직무조사가 제대로 이루어지지 않으면 다음 단계인 직무분석과 평가에 영향을 주게 된다. 직무조사에서는 대상 공무원이 제공한 직무정보 외에 법령, 규칙을 기본으로 조직의 내규(조직편성표 및 기능), 업무보고서, 예산내역 및 보수기준표 등을 보조자료로 활용한다. 직무조사의 방법에는 최초분석법으로 설문지법, 면접법, 관찰법, 체험법, 대상자 기록법(업무일지 작성법)이 있으며, 비교확인법, 그룹토의기법 등이 있다.

③ 직무분석(job analysis): 직무분석이란 가장 중요한 단계로서 직무기술서와 직무조사과정에서 획득한 직무에 관한 정보를 분석하고 평가하여 대상 직위의 직무를 종류별·수준별로 분류하는 것이다. 직무분석은 종류별 분류는 곤란도나 책임도에 의한 분류가 아니며, 업무의 성격별로 분류하는 종적분류이다.

④ 직무평가(job evaluation): 직무평가란 직무의 책임도와 곤란도를 기준으로 직급과 등급을 결정하는 것이며, 횡적분류인 직무평가라고 한다(직무분석은 종적, 직무평가는 횡적분류라 하는 것은 한국의 직위분류표상의 구조상 표현이다). 이 단계에서 직무의 종류가 같거나 유사한 직위들을 모아서 직렬로 구성하고, 다시 동일하거나 유사한 직렬들을 모아서 직군을 결정하는 작업이 이루어진다. 직무평가의 방법은 비계

량적인 서열법, 분류법과 계량적 방법인 점수법, 요소비교법 등이 있다. 서열법과 점수법은 절대평가, 분류법과 요소비교법은 상대평가에 해당된다.

㉠ 비계량적 평가방법

㉮ 서열법: 직무수준을 타 직위와 비교하고 각 직위의 직무를 종합적으로 평가하여 수준이 낮은 단계에서부터 높은 단계까지 서열을 결정하는 방법이다. 비계량적인 방법으로 평가자의 주관성이 개입되지만 평가비용과 시간이 적게 드는 장점이 있다.

㉯ 분류법: 서열법과는 반대로 평가대상 직위의 직무수행 기술과 지식, 직무의 곤란성과 중요성 등의 기준으로 사전에 등급 기준표를 작성해 놓고 분류대상 직위를 기준표와 비교하여 배치해 나가는 방법이다. 그 기준은 데이터가 아닌 직무기술서와 평가자의 판단으로 이루어지므로 비계량적인 방법이다.

㉡ 계량적 평가방법

㉮ 점수법: 분류대상 직위의 직무를 각 평가요소별로 점수를 부여하고 분류법과 같이 미리 정해진 점수화된 등급 기준표에 따라 배치시키는 방법이다. 평가요소를 선정하고 배점을 하는 데는 전문성과 과학성을 필요로 하며 시간이 많이 든다. 또한 점수화는 계량적이기는 하지만 배점기준은 주관적인 기준이다.

㉯ 요소비교법: 기준직위의 직무를 설정하고, 이를 몇 개의 요소별로 평가한 후 분류대상 직위의 직무도 같은 요소로 나누어 계량적으로 평가한다. 그리고 기준 직위와 평가하려는 직위의 각 요소를 비교하여 평점을 부여함으로써 그 직위의 상대적 가치를 결정하는 것이다.

⑤ 직급명세서의 작성(class specification): 직무분석과 직무평가로 횡적·종적 분류직위가 구성되면 각 분류직급에 대해서 기능과 특성에 대한 개념정의와 설명이 필요하다. 이렇게 직급별 특성을 설명해 놓은 것을 직급명세서라 한다. 예를 들어 7급 행정직렬로 분류되었다면 그

직위에 대한 기능을 설정해야 채용, 훈련, 근무성적평정 등 인사관리의 기초자료로 활용되고 인사배치 시 객관적인 관리가 이루어진다. 따라서 직급명세서에는 각 직급별로 직급명칭, 직무개요, 직무수행범위의 자격요건 등을 명시하고 있다.

⑥ 정급(allocation): 직급명세서에 따라 분류대상 직위를 각 해당 직급에 맞게 배치하는 작업을 정급이라 한다. 정급이 끝난 후에는 기관별로 행정직, 세무직 등 인적구성이 다르기 때문에 기관별 정급표 작성이 필요하며, 이를 해당 기관에 배포한다. 각 정급표에는 해당 기관 공무원의 성명, 직급이나 등급이 기록된다.

⑦ 적용 및 관리: 직위분류는 각 공무원의 직무에 대해서 분석하고 분류한 것이 아니므로 적용과정에서 문제점이 발생되면 수정하고 개선해 나가야 하며, 새로운 상황변화에 따라 조정하는 지속적인 관리가 필요하다.

3. 직위분류제의 장·단점

(1) 장점

① 전문행정관료 중심으로 전문화와 능률성에 기여: 직위분류제는 과학적 관리론과 맥을 같이 하는 개념으로서 동일 직군과 직렬에서 인사이동을 하므로 업무수행능력의 노하우가 발생하므로 행정의 전문화와 능률성 확보에 기여한다.

② 보수체계의 합리화: 동일한 직무에 대한 동일한 보수를 지급한다는 원칙을 적용하기 용이하므로 직무급 체계를 확립해 준다. 즉 각 직무에 맞는 보수를 결정할 수 있는 합리적 기준을 설정할 수 있다.

③ 인사행정관리의 합리적 기준 제공: 각 직위에 필요한 직무의 내용, 자격요건에 따라 임용시험을 달리할 수 있으며, 교육훈련, 전보, 승진 등에

서 직위분류제의 특성에 따른 합리적 인사관리기준을 적용할 수 있다.

④ 교육훈련수요 파악 용이: 직위별 자격요건을 구분하여 제시할 수 있으므로 직위별로 훈련수요판단이 가능하여 합리적인 훈련계획의 수립과 효율적인 교육훈련이 가능하다.

⑤ 객관적 근무성적평정: 직무의 특성과 내용이 구체적이고 명확하게 구분되므로 근무성적평정의 객관적 기준을 확립할 수 있으며, 평정기준에 따라 실시되어 평정상의 효과성이 확보된다.

⑥ 효율적인 정원관리: 직무분석과 평가를 통하여 분류되어 업무의 종류와 수준, 업무량을 명확히 해 줌으로써 정원관리에 효율성을 도모할 수 있다.

⑦ 직위 간의 권한과 책임의 명확화: 직위별 직무의 내용과 범위가 명확하므로 직위 간의 권한과 책임의 한계도 명확하다.

⑧ 행정에 대한 민주적 통제용이: 직위별 직급별 등 공무원의 인원수를 명확하게 나타내주므로 인건비에 관한 예산편성이 용이하고, 국민에게 행정의 서비스와 인건비 간의 논리적 관계를 밝혀줌으로써 국민과 입법부에 의한 예산통제가 용이하다.

⑨ 직무중심의 인사행정 구현: 개인의 능력과 경험, 자격요건 등이 구체적으로 명시되어 있기 때문에 직무중심의 인사행정이 구현된다.

⑩ 조직분위기 활성화: 직업공무원제도는 인사적체, 경직분위기가 많이 나타나지만 외부로부터의 새로운 인재가 등용되므로 분위기 쇄신에 기여한다.

(2) 단점

① 인사관리상의 신축성·융통성 부족: 동일한 직군과 직렬에 의해서만 전보와 승진이 가능하고 다른 직렬로의 이동이 어려우므로 공석발생시 충원과 인사배치가 용이하지 못하다.

② 일반행정관료 확보 및 양성 곤란: 직군과 직렬로 정해져 전문성이 강조

되는 제도이므로 보편적인 지식과 관리능력을 가진 행정가의 확보와 육성에 어려움이 있다.

③ 변화 적응성 미흡: 지나친 전문성의 강조는 조직과 직무의 변화와 같은 상황변화에 신속한 대응성이 미흡하다. 변화에 신속하게 대응하는 능력은 일반행정관료가 더 우수하다.

④ 직업공무원제의 발달에 저해: 직업공무원제의 강한 신분보장성이 미흡한데 특정 직위와 관련되므로 조직개편과 같은 변화에 따라 신분보장이 어려워 직업공무원제 발달에는 저해되는 요소가 많다.

⑤ 낮은 업무 통합성: 업무의 전문화는 업무의 통합성을 저해하는데, 특히 상위 직급에서의 업무의 목표와 기능의 뚜렷한 영역구분은 업무의 통합성을 저하시킨다.

⑥ 인적자원 활용의 경직성: 운영절차의 복잡성과 더불어 인적자원의 경직성이 높은데, 다른 직렬로의 인적자원의 변화와 전환이 필요시 어려움이 많다. 예를 들어 한 개인이 다른 분야로 전직되었을 경우 그전의 경력과 경험은 새로운 분야에서 적용되기 어렵다.

⑦ 자발성과 단결심 저하: 직위분류절차에서 직무수행자의 의견이 수렴되지 않은 상태에서의 분류가 이루어졌기 때문에 해당자의 자발적 노력과 단결심을 기대하기 어렵다.

⑧ 할거주의 발생: 전문화는 조직의 할거주의를 발생시킬 수 있다. 각 직렬별 인사교류가 어려워지고 개인별 의사소통은 가능하지만 집단별·기능별 의사소통의 원활을 기대하기 어렵다. 따라서 이해가 상충될 때에는 조정에 어려움이 많이 발생한다.

⑨ 직위분류상의 결함: 현실적인 문제로 행정에서의 직무는 종류나 양, 수준이 명확하게 구분될 수 있는 분야도 많이 있기 때문에 주관적인 분류의 근본적인 결함이 존재한다. 즉 업무성격상 여러 분야에 걸쳐 이루어지는 경우가 많기 때문이다. 이 문제는 실제 조직 내에서 서로 업무를 타 부서로 미루는 경우가 발생하여 업무상 갈등의 주요 요인이 되고 있는 실정이다.

4. 우리나라의 직위분류제

(1) 내용

우리나라는 현재 폐쇄형 실적주의에 개방형 실적주의인 직위분류제적 요소를 가미하고 있으며, 향후 더욱 확대할 계획으로 있다. 개방형 직위 운영 등에 관한 규정 제2조와 대통령령 제1781호에 그 범위를 정해 놓았는데, 1급부터 9계급으로 분류하고 일반직 공무원을 직군·직렬·직류로 구분하고 있다. 임용시험은 직급별로 실시하고 있으며, 직류별로도 임용시험을 실시할 수 있도록 하고 있고, 전직시험을 거쳐야만 전직이 가능하다. 또한 동일 직군이나 동일 직렬범위 내에서 승진이 이루어진다. 보직관리의 원칙에 관한 규정으로 국가공무원법 제32조 제5항에는 '소속공무원을 보직함에 있어서는 당해 공무원의 전공분야·훈련·근무경력·전문성 및 적성 등을 고려하여 그 적격한 직위에 임용하여야 한다.'고 규정하고 있다.

(2) 직위분류제 도입상의 문제점

우리나라의 행정문화는 계급제적 전통과 관념이 매우 중요하게 작용하고 있으며, 직위분류제의 도입범위와 분류대상 직위의 범위가 문제시되고 있다. 또한 분류과정에서 객관적이고 과학적인 측면이 확보되기 어려우며, 현재의 공무원의 종류 구분기준이 정무직과 별정직 간, 기술직과 기능직 구분 등이 명확하지 않고 혼재되어 있고, 직군·직렬·직류와 직급 간의 구분으로 인한 문제점들이 많이 나타난다. 또한 직위분류제에 의해 임용된 공무원의 보수는 계약연봉제로 보수특성은 직무급(일반직은 생활급)으로 적용되는데, 현재 공무원 보수의 비현실성으로 인해 합리적인 보수체계를 확립하기 어려운 실정이다.

(3) 직위분류제 도입의 실패요인

① 대상의 포괄성: 일반직 전원을 대상으로 하였다.
② 공무원의 인식부족: 계급제적 문화에 익숙한 대상자의 저항으로 정확한
   직무조사가 이루어지지 못했다.
③ 분류상 기술적인 문제: 분류작업과정에서 기술과 능력의 부족현상이 발
   생했다.
④ 재정능력의 부족: 직무급으로 지불하기 위한 정부의 재정능력의 한계가
   있다.
⑤ 직무구분의 불명확성: 사회변화에 따라 업무의 다양성은 기존의 직무분
   류의 기준으로 명확하게 구분하지 못하는 것들이 존재하고 있다.

직군·직렬 통합개편 – 공무원임용령 개정(2006. 6. 12 공포, 2007. 7. 1 시행)
　현재 지나치게 세분화된 직군과 직렬에 대해 행정환경 변화 및 정부기능 변화에 부응하고 직무분야별 전문성을 함양, 소수직렬로 인한 승진의 제약 등 인력관리상 문제점을 해소하기 위하여 현행 10개 직군 57개 직렬을 2개 직군(행정, 기술) 31개 직렬로 대폭 통합, 개편하여 각 부처별로 인사운영의 자율성과 탄력성을 높이고 적재적소 인사배치 실현을 목적으로 함

현행		개편	
직군	직렬	직군	직렬
1. 공안 (7직렬)	교정,소년보호,보호관찰,검찰사무, 마약수사,출입국관리,철도공안	행정 (14개 직렬)	교정,보호,검찰사무,마약수사,출입국관리,철도공안
2. 행정 (12직렬)	행정,세무,관세,운수,교육행정,사회복지,노동,문화,공보,통계,사서,감사		행정,세무,관세,교육행정,사회복지,통계,사서,감사
3. 광공업 (9직렬)	기계,전기,전자,원자력,조선,금속,섬유,화공,자원	기술 (17개 직렬)	공업(물리,조선직렬 포함)
4. 농림수산 (6직렬)	농업,식물검역,임업,축산,수의,수산		농업, 수의, 임업
			해양(수산, 선박, 수로직렬 포함)
5. 물리 (2직렬)	물리,기상		기상
6. 보건의무 (6직렬)	보건,의료기술,식품위생,의무,약무,간호		보건,의료기술,식품위생,의무,약무,간호
7. 환경 (1직렬)	환경		환경
8. 교통 (4직렬)	교통,선박,항공,수로		항공
9. 시설 (5직렬)	도시계획,토목,건축,지적,측지		시설
10.정보통신 (5직렬)	전산,통신사,통신기술,전송기술,전자통신기술		전산,통신
계	10개 직군 57개 직렬	계	2개 직군 31개 직렬

5. 계급제

(1) 개념

① 계급제(rank – in person)는 공무원의 학력, 경력, 자격과 같은 개인적 특성을 기준으로 유사한 공무원의 범주나 집단으로 구분하여 계급을 형성하는 제도로서 폐쇄형 실적주의에 속한다.
② 직위가 내포하고 있는 직무중심적인 직위분류제와는 달리 계급제는 개인적 특성에 따라 종적으로 계층을 형성하고, 그 계급에 직무를 수준별로 구분하여 부여하는 것으로서 계급을 중심으로 하는 인간중심적 공직분류제도이다.
③ 군주국가나 전통 관료제적 특성이 많은 영국, 프랑스, 독일, 일본, 이태리와 아시아에서는 가부장적 문화와 집단의식이 강한 한국, 중국, 일본 등이 채택되고 있다.

(2) 장점

① 일반행정관료 중심: 한 분야의 경력을 중시하지 않고 폭넓은 안목과 이해력을 가진 일반행정관료에게 유리한 제도이다.
② 공무원의 신분보장: 직위분류제와 달리 폐쇄형 실적주의로서 경력발전을 중심으로 하며 신분보장이 강하다.
③ 인사관리의 신축성과 용이성: 전직 및 전보가 용이한 제도이므로 인사관리의 융통성을 확보할 수 있다. 또한 직위분류제보다 업무의 단순성으로 인사관리상 노력이 적게 드는 면이 있다.
④ 유능한 인재의 확보: 장래 발전 가능성과 능력을 소유한 인재를 채용할 수가 있다.
⑤ 직업공무원제도 확립에 기여: 계급 중심적이므로 직위분류에 관계없이 승진과 전보 등이 가능하므로 직업공무원제 발전에 기여할 수 있다.

⑥ 조직의 응집력 강화: 계급을 중심으로 운영되기 때문에 공무원으로 하여금 장기근무로 유도하고 직업주의와 단결심, 충성심을 강화시켜준다.

⑦ 인력활용의 융통성과 효율성 증진: 직위분류제에 비해 직무분류구조와 보수체계가 단순한 면이 있다.

⑧ 공무원의 능력발전 도모: 승진이 보장되고 안정적이므로 공무원의 능력을 최대한 발휘할 수 있도록 해준다.

⑨ 인력의 장기적 활용과 조직의 안정성: 계약제 임용방식인 직위분류제에 비해 장기근무로 유도할 수 있기 때문에 조직의 안정성을 가져온다.

⑩ 협조·조정의 용이: 직위분류제와 같이 전문성과 직무중심의 운영방식이 아니므로 할거주의 현상이 낮게 발생하고, 계급을 중심으로 운영·통제가 이루어지므로 협조나 조정이 용이하다.

(3) 단점

① 보수체계 확립문제: 직무구분에 관계없이 동일한 계급이면 동일한 보수가 지급되므로 동일 직무에 동일 보수지급이라는 직무급체계의 확립이 어렵다. 즉 동일 직무라도 계급의 차이로 동일한 보수가 지급되지 않기 때문이다.

② 행정의 전문화 결여: 일반행정관료로서 여러 직책을 경험하므로 업무의 전문화가 낮아진다. 또한 계층 중심으로 승진과 권력이동이 이루어지기 때문에 전문행정가들은 소외될 가능성이 있다.

③ 갈등 조장: 직급 간의 차이는 보수와 신분상의 차이로 이어지게 된다. 또한 업무적으로 경계가 명확하지 않을 경우에는 부서 간에 미루는 현상이 발생하여 업무가 지연되기도 하여 국민에 대한 봉사성이 떨어지고 부서 간의 갈등이 생기기 쉽다.

④ 공무원의 엘리트의식화: 공무원의 특권 및 특수집단의식은 의사결정에서도 독단성과 비적실성을 가져온다.

⑤ 행정의 능률성 저하: 직무에 맞는 임용시험과 채용이 이루어지지 않으

므로 적임자 확보 및 배치가 어려워 능률성이 저하된다.

⑥ 관료의 역기능 초래: 지나친 신분보장은 관료주의화와 특권집단의식을 발생시켜 국민에 대한 군림과 무사안일에 빠질 우려가 있다.

⑦ 경직성 초래: 계급성의 강조는 지시와 통제중심적인 경직성은 획일적인 분위기로 인해 공무원들의 자율성을 위축시키고 동기부여가 어렵다.

⑧ 권한과 책임의 불명확: 직위분류제에 비해 직무상의 책임과 권한의 분산이 이루어져 있다.

⑨ 인사관리의 합리적·객관적 기준설정이 곤란하며, 인력수급계획의 수립이 용이하지 않다.

(4) 계급제와 직위분류제의 차이점

구분	계급제	직위분류제
공직분류기준 및 방법	개인의 능력·자격에 기초한 인간중심의 공직분류	직무의 종류·곤란도·책임도에 근거한 직무중심의 공직분류
채용 및 관리	폐쇄형 실적주의	개방형 실적주의
중심관료	일반 행정가	전문 행정가
보수체계	생활급	직무급
직업성 및 신분보장	강함	약함.
인사관리측면	장기적이며 신축성이 많음.	신축성과 융통성 부족
성과달성 측면	장기적 효과 달성에 유용	단기적 효과 달성에 유용
교육훈련 방향	직무별 전문적인 교육훈련	일반교양 및 능력개발 사항
승진범위	높음	낮음
조정 및 협조관계	높음	낮음
공무원의 사기	높음	낮음
적용국가	농업사회 - 한국, 영국, 프랑스, 독일, 일본	산업사회 - 미국, 캐나다, 필리핀

07 대표관료제

1. 의의

(1) 개념

① 대표관료제(representation bureaucracy)란 정부관료를 인구비율이나 사회·정치·경제적인 인구구성의 특징을 반영하여 구성하려는 관료제를 말한다. 인구구성의 특징이란 인종·성별·계층·신분·직업·지역 등을 말한다.

② 대표관료제의 개념은 두 가지로 파악할 수 있는데, 이러한 인구구성의 특징을 반영하여 정부관료를 구성하는 소극적 개념과 이렇게 임용된 관료들이 정책과정에서 출신 집단의 이익을 적극적으로 대변하기 위한 활동과 책임을 강조하는 적극적 개념으로 보고 있다.

③ 소외된 계층에게 공직임용기회를 주는 사회적 형평성(수직적 형평성)을 달성하는 수단과 내부통제를 보완하는 기능을 한다.

④ 관료제와 국민 사이의 사회경제적 성격이 서로 일치하면 할수록 정책의 대응성이 높아진다는 것을 기본적 전제로 하고 있다.

⑤ 배경적 대표성이 태도적 대표성으로 이어지며, 이는 다시 실질적 대표성을 낳는다는 논리에 기초하고 있다.

⑥ 1944년 Donald Kingsley가 발표한 논문 「대표관료제 - 영국관료제의 해석」은 인종차별 등 사회적 갈등이 심각한 미국학자들의 관심을 받았고, 행정학과 정치학 분야에 도입되었다.

(2) 등장배경

① 관료조직의 대규모화와 권한과 기능의 확대로 외부통제의 미약으로

인한 내부통제 보완 수단
② 소수 또는 소외집단의 이익대표체계 역할(관료독점에서 민주적 가치 도입 필요)
③ 평등이념의 진보: 형식적 평등을 지양하고 실질적 평등 구현
④ 실적주의의 한계: 현실성, 정치성을 배제한 실적과 자격으로만 채용

2. 대표관료제의 장·단점

(1) 장점

① 대표관료제 적용의 이론적 근거: 현대 행정의 재량성과 권한의 증대·경직성의 한계를 극복하고 행정의 국민에 대한 적극성·대응성·형평성·책임성·민주성 확보를 목적으로 한다.
② 효율적이고 합리적 통제의 수단: 광범위한 현대행정의 규모와 기능의 복잡성은 외부통제를 약화시킴에 따라 공무원 간 견제가 가능하여 내부적인 비제도적 통제기능을 가진다.
③ 이익표출의 합리성 제고: 특정 집단에 의한 관료지배는 정책의 방향을 편협하게 만들지만 다양한 집단출신의 관료들로 구성된 관료집단의 정책형성은 그만큼 합리성을 확보할 수 있다. 따라서 다양한 집단을 위한 정책 활동은 사회적 통합과 갈등을 방지하는 수단이 된다.
④ 헌법정신에 기여: 기회균등의 보장을 저해하는 실적주의의 한계를 보완하는 역할을 하게 되므로 헌법상의 기본권이 인정된다.
⑤ 조직의 활성화 추구: 다른 집단의 유입은 정책결정 과정에서의 다양한 이익표출이 반영되어 창의성의 분위기와 조직에 긴장감을 주어 조직의 정체성을 방지하고 활성화를 가져올 수 있다.
⑥ 정치적 중립성 인정: 대표적 관료제도 일종의 합법적 절차와 제도에 의해 채용된 관료로서 정치적 중립성이 인정된다.

(2) 단점

① 대표성의 문제: 사회 각 계층이나 출신 집단의 이익을 대변하지 못하는 경우가 있다. 즉 이들이 조직문화에 흡수되어 재사회화가 될 경우에는 출신 집단의 이익을 대변하지 않고 조직에 충실 하는 결과를 초래한다. 심지어는 출신 집단의 이익에 반대되는 입장을 취하기도 하였다. 반대로 출신 집단의 이익에 집착함으로써 행정의 책임성 문제도 발생할 수 있다.

② 실적주의제와의 갈등문제: 대표관료제는 정실주의가 많이 개입할 수 있기 때문에 실적주의제 유지에 대한 갈등이 있지만 현실적으로 양 제도가 공존하고 있다.

③ 전문성과 능률성 저하: 대표관료로 임용된 사람들은 실적주의에 의해 임용된 공무원에 비해서 전문성과 능률성에서 떨어진다.

④ 역차별 현상: 대표관료제로 임용된 수만큼 다른 사람에게는 공직임용의 기회가 줄어들어 사회적 갈등을 초래할 수 있다. 이는 역차별로 자유주의 원칙에도 상충된다.

⑤ 적용상의 기술적 문제: 공무원 수의 구성에 있어서 일정하게 인구비례에 따라 임용수의 정확한 비율적용과 인력수급관리 등 많은 기술적 문제가 뒷받침 되어야 하기 때문이다.

3. 개선방안

① 사회적 선택과 필요성으로 확대 발전
② 대표적 관료제의 정실화에 대한 견제로 실적주의의 확립이 요구
③ 인사관리상의 차별 방지의 제도화
④ 양성평등정책의 제도적 강화

4. 우리나라의 대표관료제 적용

① 내각과 고위 공직자 임용에 적용: 공직 임용 시 출신지역, 계층, 성별 등을 최대한 고려하고 있다.

② 공무원 임용 및 고용 시 특혜: 지방대학 출신 및 여성의무고용제, 장애인 고용의무할당제 등은 대표관료제의 논리에서 나온 제도이다.

③ 남녀 공직채용비율과 지역불균형 문제 해소 노력

Check **P**oint

대표적 관료제에 대한 학자들의 견해(한영수)

1. Kingsley: 대표관료제는 사회 내 지배세력들의 이익을 그대로 반영하도록 구성된 관료제이다.
2. Van Riper: 대표관료제는 ① 직업·사회·계층·지역 등의 관점에서 그 사회의 모든 계층과 집단을 합리적으로 대표할 수 있도록 구성해야 한다. ② 그 사회의 사조나 태도까지도 충분히 반영될 수 있는 관료제로 구성하여야 한다.
3. Kranz: 대표관료제는 ① 특정 집단 출신이 정부관료제 내에서 차지하는 비율이 그 집단의 구성원들이 국가의 총 인구에서 차지하는 비율과 동일하여 하며 ② 사회 내의 모든 집단이 관료제 내의 모든 직무분야와 계급에 인구비율에 상응하게끔 분포되어 있어야 한다.
4. 결론: 정부관료제 내의 구성 비율이 인구비례에서 모든 직위로까지 연장되는 것으로써 국민에 대한 정부의 목적으로 그 사회를 구성하는 모든 주요 집단으로부터 인구비례에 따라 관료를 충원하고, 또한 대표관료들이 관료조직의 모든 직무분야와 계급에 비례적으로 분포되도록 하는 충원제도로 볼 수 있다.

---

08 공무원의 분류

1. 경력직 공무원과 특수경력직 공무원

(1) 경력직 공무원

① 개념: 실적주의에 근거하여 임용되고, 신분보장과 함께 평생 직업과 직장으로 생각하는 공무원을 말하며, 대부분의 공무원이 여기에 해당

된다. 경력직 공무원은 국가공무원법에 일반직 공무원과 특정직 공무원, 기능직 공무원으로 구분하고 있다.

② 종류

　　㉠ 일반직 공무원: 일반행정·기술·연구업무를 담당하며, 각각 직군과 직렬로 분류되고 계급은 1급에서 9급까지 구성되어 있다. 직업공무원이라 함은 주로 여기에 해당되며, 행정·공안·기술·연구·지도직 공무원이 있다. 현재 일반직은 10개의 직군과 57개의 직렬, 91개의 직류로 분류되고, 연구직은 7개의 직군과 15개의 직렬, 38개의 직류로, 지도직은 1개의 직군과 각각 3개와 12개의 직렬과 직류로 구분되어 운영되고 있다.

　　㉡ 특정직 공무원: 특정직 공무원의 대상은 법관·검사·외무공무원·경찰·소방·교육공무원·군인·군무원·국가정보원의 직원과 기타 특수 분야의 업무에 종사하는 공무원이다. 이들은 일반직 공무원에 적용되는 국가공무원법이 아니라 개별적 법률의 적용을 받으며, 그 계급도 일반직과는 다르게 구분하고 있다(군인은 군인사법의 적용을 받으며, 계급을 별도로 구분하고 있다).

　　㉢ 기능직 공무원: 기능적인 업무에 종사하는 공무원으로서 체신, 토목건축, 전신, 기계, 화공, 선박, 농림, 보건위생, 사무보조 및 방호업무 등에 종사하고 있다. 계급은 1등급에서 10등급까지로 구분되며, 11개의 직군과 22개의 직렬, 37개의 직류로 분류되어 있다.

(2) 특수경력직 공무원

① 개념: 일반직, 특정직 및 기능직 공무원을 제외한 모든 공무원을 말하며, 실적주의와 직업공무원제의 적용을 받지 않으므로 신분보장이 되지 않는 정치적 목적과 특수한 직무수행을 위해 임용된 공무원이다.

② 종류

　　㉠ 정무직 공무원: 정치적 판단과 정책결정의 업무를 주로 하며, 보통 차관급 이상의 대우를 받고 있다.

㉮ 선거에 의하여 취임하거나 임명 시 국회나 지방자치단체의 동의
를 요하는 공무원

㉯ 고도의 정책결정업무를 담당하거나 이들의 업무를 보조하는 공무
원으로서 법령에 정무직으로 지정된 공무원

㉰ 감사원장, 감사위원 및 사무총장, 국회사무총장 및 차장, 민주평
화통일자문회의 사무총장, 의정연수원장 및 도서관장, 헌법재판
소의 재판관 및 사무처장, 중앙선거관리위원회 상임위원 및 사무
총장과 차장

㉱ 국무총리 및 국무위원, 각 처의 장, 차관, 국무조정실장, 차관급
이상의 보수를 받는 비서관, 청장(예, 통계청장, 기상청장, 경찰청
장, 해양경찰청장)

㉲ 국가정보원의 원장 및 각 차장, 중앙인사위원회 위원장, 국가과학
기술자문회의 위원장

㉳ 서울시 부시장 등 기타 법령 또는 조례로써 정무직으로 지정한
공무원

㉡ 별정직 공무원: 특정업무를 담당하기 위하여 일반직 공무원과는 다
른 별도의 자격과 기준 그리고 절차와 방법에 의하여 임용된다. 일
반직 공무원의 직급에 해당하는 보수를 받으며, 다른 법령이나 조
례에 별정직으로 지정하는 공무원이다.

㉮ 국회수석전문위원, 예비판사, 비상계획담당관

㉯ 감사원의 사무차장, 서울특별시·광역시·도 선거관리위원회 상
임위원

㉰ 국가정보원 기획조정실장, 각급 노동위원회 상임위원, 해양안전심
판위원회원장 및 심판관

㉱ 비서관 및 비서

㉲ 기타 법령과 조례에 별정직으로 지정한 공무원으로서 정부조직법
제2조 제6항에 의거 중앙행정기관의 차관보, 담당관, 실·국장과
부장이 해당되며, 지방자치법 시행령 제39조 제3항에 명시된 광

역시 정무부시장과 도의 정무부지사 등

ⓒ 계약직 공무원: 국가나 지방자치단체와의 채용기준에 의해 일정한 기간 전문지식이 요구되는 업무에 종사하는 공무원을 말한다(문화재 발굴 및 보전, 유표디자인, 헬기조종사 등). 계약직 공무원은 일반계약직과 전문계약직으로 나누어지는데, 일반계약직은 직제 등 법령에 규정된 경력직 또는 별정직 공무원의 정원에 해당하는 직위와 책임운영기관장도 이에 해당한다. 전문계약직은 일반계약직을 제외한 계약직 공무원으로서 일반직과 같은 계급구분은 없으며, 채용자격기준만 가급에서 마급까지로 규정하고 자격기준은 계약직 공무원규정 제3조에 설정되어 있다. 계약직 공무원의 채용기간은 3년이며, 만료 시 3년 이내에서 연장이 가능하다.

ⓓ 고용직 공무원: 단순 노무에 종사하는 공무원을 말하며, 임용권은 5급 이상의 공무원, 연구관 또는 지도관을 장으로 하는 기관의 장이 가지고 있다(단순 보조업무를 담당하는 사환제도).

09 중앙인사기관

1. 의의

(1) 개념

중앙인사기관이란 집권성을 가지고 정부의 모든 공무원과 인사기관에 대한 인사활동을 전문적으로 총괄하는 기관을 말한다. 즉 집권성이 강한 중앙인사기관은 각 부처의 인사업무를 담당하는 부처인사기관인 총무과(인사운영기관)를 통해 인사지침 등을 지시하고 통제가 가능한 기관이다. 우리나라의 중앙인사기관은 행정안전부이다.

(2) 설치 목적

① 엽관주의적 임용을 배제하여 공무원의 신분과 권익을 보장하고 인사
   관리의 공정성과 정치적 중립성을 확보하기 위함이다.
② 중앙을 중심으로 인사행정의 전문화와 기술발전을 촉진하고 정부 각
   기관의 인사관리를 적극적으로 지원할 수 있다.
③ 각 기관에 권한이 분산되어 있지 않기 때문에 공무원의 할거주의의
   폐해를 방지하고 인사행정의 통일성을 기할 수 있다.
④ 행정수반에게 인사행정부문의 국정관리수단을 제공하고 입법부에 통
   일되고 일관적인 인사정책을 권고하고 추진할 수 있다.
⑤ 인사행정에 관한 여론수렴의 창구가 단순화되어 있으므로 다양한 이
   익집단의 요구를 잘 반영할 수 있으며, 국가의 인사정책에 대한 그들
   의 지지를 수용하거나 획득할 수 있다.
⑥ 인사행정업무의 집권적 운영으로 인사행정의 전문화·능률화를 증진
   시키고 효율적인 조정·통제가 필요하다.

2. 중앙인사기관의 일반적 성격

(1) 독립성

① 개념: 독립형의 중앙인사기관은 행정부와 분리되어 행정수반으로부터
   독립된 지위를 가지고 위원의 신분보장은 물론 자체적으로 조직을 구
   성하고 예산을 자율적으로 사용할 수 있는 것을 말한다.
② 장·단점
   ㉠ 장점
      ㉮ 인사행정을 엽관주의를 배제하고 정치적인 영향을 받지 않는 실
         적주의제를 발전시킬 수 있다.
      ㉯ 대통령과 같은 최고인사권자의 압력을 배제시킬 수 있기 때문에

행정의 정치적 중립성과 객관성·공정성이 확보되며, 행정부패를
방지할 수 있다.

  ⓛ 단점

    ㉪ 독립된 중앙인사기관은 인사 분야에 대한 행정수반의 참모역할을
수행하지 않고 있다.

    ㉭ 독립성으로 인해 행정수반이 인사관리에 대한 통제가 불가능하
며, 강력한 정책추진이 곤란하다.

(2) 합의성

① 개념: 단독제의 상대 개념으로 합의제는 여러 위원으로 구성되고 다수
의 위원들이 정책결정에 참여하여 합의로 운영되는 것을 말한다.

② 장·단점

  ㉠ 장점

    ㉮ 다수의 위원참여로 신중한 정책결정이 가능하며, 인사행정의 민
주성·전문성·공정성이 확보된다.

    ㉯ 이해관계집단과 이익집단의 대표참여가 가능하며, 인사행정에 대
한 그들의 요구를 수용할 수 있다.

    ㉰ 다수의 위원으로 구성되어 있으므로 행정환경과의 원만한 관계유
지에 용이하다.

    ㉱ 위원의 임기가 서로 다르므로 교체가 동시에 이루어지지 않기 때
문에 인사정책의 계속성과 일관성이 확보된다.

  ㉡ 단점

    ㉮ 정책결정에 다수의 위원이 참여함으로써 정책결과에 대한 책임이
분산되어 책임한계가 불분명하다.

    ㉯ 합의를 전제로 하기 때문에 정책결정이 지연되기 쉬우며 시간과
비용이 많이 든다.

    ㉰ 위원들의 비전문성은 비능률과 비합리적 결과를 발생시킬 수 있다.

(3) 집권성

① 개념: 각 부처의 장에게 인사권한을 부여하지 않고 중앙인사기관에 집중시킨 것을 말하는데, 인사권한의 집중은 분산화로 인한 각 부처의 장의 인사권한의 남용(엽관 및 정실주의 만연)을 방지하고, 각 기관에 적용되는 인사행정 정책적용의 공정성과 통일성을 확보하기 위함이다.

② 장·단점

   ㉠ 장점

      ㉮ 각 부처의 엽관·정실의 인사관리를 방지할 수 있다.

      ㉯ 각 부처에 인사행정의 지침을 공정하게 적용시킬 수 있으며, 통일성을 기할 수 있다.

      ㉰ 인사행정분야에 대한 연구를 전문적으로 할 수 있으며, 정책추진의 추진도 일관성을 확보할 수 있다.

      ㉱ 각 부처 인사행정의 통합과 조정이 가능하다.

   ㉡ 단점

      ㉮ 통일되고 획일적인 지침으로 각 부처의 실정에 맞지 않는 인사정책을 강요할 수도 있으며, 자율성과 신축성을 저해시키고 경직성을 초래한다.

      ㉯ 각 부처의 장이 직접적인 인사권이 없으므로 소속 공무원들은 소속 기관보다는 중앙인사권의 지시에만 따르려 한다.

      ㉰ 각 부처 인사담당자는 중앙의 지시에만 충실하게 되므로 자율성이 위축되고 인사분야에 대한 경력발전의 기회가 축소된다.

3. 중앙인사기관의 조직형태

(1) 독립합의형

중앙인사기관의 성격에서 독립형과 합의형의 개념과 장·단점이 같다.

(2) 비독립단독형

① 개념: 독립되어 있지 않고 어느 한 부처에 속해 있는 형태이므로 부처형이라고도 하는데, 그 부처의 장이 중앙인사기관을 구성하는 조직형태이다. 만약 우리나라의 경우 중앙인사기관이 행정자치부에 속해 있다면 행정수반이나 내각의 지시를 받아 인사정책을 추진하며, 책임은 최종적으로 중앙인사기관이 속해 있는 행정자치부장관이 지게 된다.

② 장·단점

  ㉠ 장점

    ㉮ 중앙인사기관의 소속이 명확하므로 정책에 대한 책임소재가 분명하다.

    ㉯ 합의제가 아니라 단독형이므로 인사정책결정이 신속하고 강력하게 추진될 수 있으며 변동대응능력이 뛰어나다.

    ㉰ 행정수반의 참모로서 기능을 할 수 있기 때문에 인사정책의 능률성을 확보하게 된다.

  ㉡ 단점

    ㉮ 행정수반의 정치적인 영향을 많이 받게 되고 정실요소가 많이 작용하게 된다.

    ㉯ 단독형이므로 기관장의 정책의지에 따라 인사정책의 변화를 예상할 수 있기 때문에 정책의 일관성이 낮으며, 독선적 결정도 발생하기 쉽다.

    ㉰ 행정수반이 인사정책 추진에 있어서 능률성과 신속성을 지나치게

강조할 경우엔 공무원의 권익을 침해하게 된다.

㉑ 중앙인사기관이 행정수반에 의한 영향으로 초당적인 집행이 어려워지고 객관성과 공평성을 잃기 쉽다.

(3) 혼합형

독립합의형과 비독립단독형의 장·단점이 있으므로 어느 하나의 형태를 선택하기는 쉬운 일이 아니다. 따라서 많은 국가들이 양자의 장점을 수용하여 혼합형의 조직형태를 취하면서 정부규모의 확대로 인한 합리적 인력관리를 추구하고 있다.

4. 중앙인사기관의 기능

(1) 준입법적 기능

원래 입법부의 고유기능을 말하지만 입법부가 제정한 법률의 범위 내에서 인사행정에 관련된 규칙을 제정할 수 있기 때문에 '준'이라는 개념을 가지고 있다. 행정자치부의 준입법적 기능은 부령으로 하고 있다. 중앙인사기관은 준입법적 기능으로 정실인사방지는 물론 인사행정의 통일성과 일관성을 유지할 수 있다.

(2) 준사법적 기능

중앙인사기관이 재판의 효력과 같은 기능을 수행할 수 있다는 것인데, 공무원의 권익보호를 위한 기능을 수행하게 된다. 즉 공무원 생활 중에 공적·사적으로 인한 행동에 각종 징계처분을 받았을 때에 해당 공무원이 이의를 제기하는 소청에 대해 재결할 수 있는 권한을 말한다. 이 권한은 법적 구속력을 가지고 있기 때문에 재결한 결과 부당하다고 결정이 났을 경우에는 징계한 기관의 결정을 번복시킬 수 있다. 우리나라의 경우는 중앙인사위원회의 소청심사위원회에서 이를 수행하고 있으며, 넓은 의미로 비위 공무원에 대한 징계권도 준사법적 권한에 속한다.

(3) 집행기능

인사행정에 관한 구체적 업무로서 인사법령에 규정된 업무를 집행할 수 있는 기능을 말한다. 직위분류·임용과정의 전반 업무·교육훈련·승진·전보·보수·연금 등의 기본 업무와 인적자원관리에 관한 포괄적인 업무까지도 해당된다.

(4) 기획기능

인사에 관한 전반적인 지침의 제정과 운영에 관한 기획기능을 수행한다.

(5) 감사기능

중앙인사기관이 각 인사기관과 공무원의 직무활동에 대해 감사할 수 있는 권한을 말한다. 중앙인사기관은 위법·부당한 공무원의 비위사실이 발견되면 소속 기관장에게 시정요구를 하거나 필요시 징계위원회에 회부할 수 있는 기능을 가지고 있다.

(6) 보좌기능

중앙인사기관의 보좌기능이란 인사행정에 관해 행정수반이나 내각이 효율적으로 관리할 수 있도록 권고·지원하는 기능을 수행한다.

(7) 향후 기능

위의 기능들은 전통적 의미의 기능으로서 집권성을 바탕으로 하여 기존의 실적주의와 직업공무원제를 강화시키는 데 초점을 두고 있다. 그러나 행정환경 변화와 공무원의 의식변화는 향후 인사행정의 공정성과 효율성 증진을 위해 분권화와 독립성, 그리고 행정수반에 대한 정책수행 보좌기능을 새롭게 수행해야 할 시대적 요구에 처해 있다.

5. 각국의 중앙인사기관

(1) 미국 중앙인사기관의 종류와 기능

① 인사관리처(OPM: Office of Personnel Management): 대통령의 직속기관으로서 대통령의 지휘감독을 받으며 인사관리를 보좌하는 비독립 단독형의 조직형태이다.

② 실적제 보호위원회(MSPB: Merit System Protection Board): 독립적 합의제기관으로 공무원의 권익보호를 위한 준사법적 기능을 담당한다.

③ 연방노사관계청(FLRA: Federal Labor Relation Authority): 연방공무원의 노사분규를 재결하는 행정부 내에 설치된 직무상으로 독립적 합의제기관으로 준사법적 기능을 가지고 있다.

④ 특별심의관실(OSC: Office of Special Counsel): 독립단독형의 조직형태로 내부 고발자 보호를 위한 조사와 소추를 담당하며, 위법한 공무원의 기소와 공무원의 정치적 중립을 시행하고 있다. 실적위원회를 두어 사법적 기능을 가지고 있다.

(2) 영국 중앙인사기관의 종류와 기능

① 관리인사처(OPS: Office of the Public Service): 조직관리와 제도적 능률성·교육훈련·충원 등에 관한 기능을 담당한다.

② 인사관리국 위원회(CSC: Civil Service Commission): 인사관리국에 4개의 위원회로 구성되어 있는데, 인사위원회, 정부임명위원회, 공무원소청

위원회, 기업체 취업자문위원회이다.

(3) 일본의 중앙인사기관의 종류와 기능

① 인사원: 독립형 합의제 조직형태로서 인사행정제도의 개선·인사규칙 제정·공직분류·법령의 제정 및 개폐와 시험·임면·급여·훈련·보수·징계·고충처리 등 공무원의 권익보호를 위한 업무를 관장하는 기능을 한다.
② 총무성: 총무성은 총리대신 소속의 인사관리부서이며, 총무성 내에 인사·은급국은 총무성 장관의 지휘·통제를 받는 비독립형 인사행정기관이다.

6. 우리나라의 중앙인사기관: 행정안전부

(1) 의의: 과거의 중앙인사기관인 총무처와 내무부를 통합하여 행정자치부로 개편하였고(1998년 2월 28일), 2004년 6월 12일 행정자치부의 많은 인사기능(고시, 소청 등)을 대통령 직속인 중앙인사위원회에 이관하였으나 다시 2008년 2월 이명박 정부는 중앙인사위원회를 행정자치부에 흡수 통합하여 행정안전부로 개칭하였다. 따라서 소청심사와 고충처리기능도 행정안전부 소청심사위원회에서 담당하게 되었다.
(2) 기능: ㉮ 각 부처 인사기관(총무과)에 대한 지시 및 감독 ㉯ 국무회의 운영의 지원과 서무 ㉰ 법령 및 조약의 공포 ㉱ 공무원의 복무 및 연금관리·상훈 ㉲ 정부조직과 공무원의 정원관리 ㉳ 공무원의 인사정책결정, 임용시험 및 교육훈련, 징계제도 운영 ㉴ 행정개혁 추진·전자정부 추진 및 정부문서관리 ㉵ 정부청사의 관리 및 총무지원 ㉶ 원활한 지방자치제도의 수행·지방정부의 사무 및 재정지원 ㉷ 국민투표 등 각종 선거의 시행 ㉸ 소속 하에 경찰청과 소방방재

청을 두어 치안과 민방위 및 재난관리제도에 관한 업무 등을 총괄적으로 수행한다.

㉠ 행정부 소속공무원의 인사행정에 관한 기본정책의 수립, 인사행정 분야의 개혁과 인사제도의 개선, 능력발전, 처우개선, 소청 및 고충처리와 인력의 효율적인 활용과 공무원의 능력개발을 도모하기 위하여 인사관리 전반에 관한 사항을 담당한다.

㉡ 행정기관의 인사행정운영의 적정여부에 대한 인사 감사를 실시하며, 3급 이상 공무원의 채용 및 승진심사와 개방형 직위제도 운영에 관한 사무를 담당한다.

㉢ 심의·의결사항

　㉮ 인사정책 및 인사행정운영의 기본방침에 관한 사항

　㉯ 공무원의 임용·교육훈련·보수 등에 관한 사항

　㉰ 인사관계 법령의 제정 또는 개폐에 관한 사항

단, 특정직공무원의 인사관계법령을 포함하되, 총리령·부령을 제외한다.

　㉱ 3급 이상 일반직·별정직·계약직 공무원의 채용과 3급 이상 일반직 공무원 승진임용에 있어서의 기준 및 절차 등에 관한 사항 등

　㉲ 고위공무원단에 속하는 공무원의 채용(계약직공무원의 재계약을 포함한다)과 고위공무원단 직위로의 승진임용에 있어서의 기준과 절차 등에 관한 사항

　㉳ 직무분석의 원칙과 기준에 관한 사항

㉣ 기능

　㉮ 인사행정에 관한 기본정책의 수립 및 인사개혁 총괄

　㉯ 고위직 공무원 인사심사 채용 및 승진심사

　㉰ 정부 직무분석 및 성과주의 인사제도 구축

　㉱ 공무원 교육훈련 실시 및 제도 운용

　㉲ 공무원 시험계획 수립 및 시험출제·관리

　㉳ 국가 인재정보관리 및 정부전자인사관리시스템 운영

　㉴ 공무원 징계처분 등에 대한 소청심사 및 결정

㉮ 공무원 처우개선 및 후생복지

(3) 기타 중앙인사기관

① 중앙소청심사위원회
  ㉠ 별도의 독립된 중앙인사기관은 아니며, 행정안전부에 소속되어 있
     는 직무상으로 독립된 합의제 기관이다.
  ㉡ 준사법적 기능: 공무원의 징계처분이나 기타 소속 기관으로부터 받
     은 불이익에 대한 소청내용을 심사하고 결정해 주는 기능을 하고
     있다. 재결의 결과는 해당 기관의 결정을 취소시킬 수 있는 법적
     구속력을 가지고 있다.
  ㉢ 구성: 위원장을 포함하여 5인 이상 7인 이내의 상임위원으로 구성
     하고, 필요한 만큼의 소수인원으로 비상임위원을 둘 수 있다. 상임
     위원의 임기는 3년으로 하되 1차에 한하여 연임될 수 있다.
② 중앙고충처리위원회: 중앙소청심사위원회에서 고충처리심사업무를 같이
   수행하고 있다. 고충처리심사대상은 개인적이고 일반적인 인사상의
   불만으로 5급 이상의 공무원과 각 기관의 고충처리(보통고충처리위원
   회)심사 후 중앙에 재심사를 의뢰한 6급 이하의 공무원으로 하고 있
   다. 심사결과는 해당 기관에 대한 권고 정도의 효력을 가지고 있을
   뿐 소청심사위원회와 같은 법적 구속력을 가지고 있지 않다.
③ 중앙징계위원회: 공무원의 비위사실에 대한 징계업무를 담당하기 위해
   국무총리 직속으로 제1중앙징계위원회와 제2중앙징계위원회를 두고
   있다. 기능은 준사법적 기능을 수행한다. 제1중앙징계위원회는 1급 이
   상, 제2중앙징계위원회에서는 2급 이하 5급 이상 공무원의 징계를 담
   당하고 있다(6급 이하는 해당기관에서 실시하고, 재의를 요구할 때는
   제2중앙징계위원회에서 실시한다).

(4) 중앙인사기관의 문제점

① 독립성과 합의성 결여: 인사정책의 결정 등 인사행정의 전 문화와 정실 인사를 배제하기 위해 독립성이 강조되는데, 행정안전부는 관료제 조직 계통상 국무총리 소속으로 되어 있기 때문에 인사정책 결정 등에 정치적 영향을 받게 된다.

② 집권화로 인한 인사관리의 파행성: 각 부처에 배분된 인사권한은 극히 미미한데, 부처 내에서 이루어지는 인사에 대한 권한은 부처의 장이 행사하지만 승진과 부처 간에 이루어지는 전보 등의 인사관리는 중앙인사기관의 집권화로 이루어지기 때문에 파행적인 인사관리현상으로 부작용이 발생하기도 한다.

③ 인사기관으로서의 전문화 문제: 행정안전부는 인사행정에 관한 고유의 영역뿐만 아니라 각 정부부처에 대한 전반적인 지원사항과 각 부처의 업무로 명확히 구분되지 않거나 종합적 성격의 업무(전자정부 추진, 민방위, 재난통제 등)는 모두 행정자치부가 맡고 있기 때문에 인사행정관리의 전문화를 이루지 못하고 있다.

④ 조정 및 통제의 곤란성: 중앙인사기관이 다른 정부부처에 비해 영향력을 행사하지 못하는 위치에 있을 때, 타 부처에 대한 집권적인 인사기능을 발휘하기 어렵기 때문에 원활한 조정 및 통제를 기대하기 어렵다.

7. 각 부처 인사기관

(1) 개념

부처의 인사기관(총무과)이란 정부 각 부처의 인사업무를 담당하는 기관을 말한다. 이들은 중앙인사기관의 지침에 따라 중앙의 감독과 통제를 받으며 해당 부처의 인사행정에 관한 업무를 시행한다.

(2) 기능의 배분과 내용

① 중앙과 부처 간의 기능배분의 개선: ㉠ 사무배분의 원칙과 책임의 명확화 ㉡ 업무연계의 원활화 ㉢ 권한위임의 확대 ㉣ 업무한계의 명확화 ㉤ 자율적 운영 범위 확대 ㉥ 각 부처 기관장의 인사 재량권 확대
② 기능 내용(총무과장): ㉠ 인사행정 분야에 대한 기관장의 참모역할과 부처 내의 인사행정지원 및 통제 ㉡ 중앙인사기관의 지침에 의한 인사정책의 집행 ㉢ 소속 기관 자체 인사업무 계획수립과 집행 ㉣ 중앙과 소속 기관의 인사행정에 관한 현안문제의 조정역할 ㉤ 소속 공무원의 인사기록 유지 및 관리

(3) 개선방안

① 인사기능의 분권화 추진: 각 부처의 능률성 확보와 정실주의와 엽관주의적 폐해를 방지할 수 있다.
② 전문적 인사기능의 강화: 총무과는 인사행정기능뿐만 아니라 부처의 종합적인 업무수행의 특성으로 전문적인 인사기능을 발휘하기 어렵다.
③ 권한위임과 자율성 보장: 중앙인사기관의 세부적인 지침보다는 각 기관의 여건에 맞게 자율적으로 운영하도록 권한위임의 확대가 필요하다.

공무원의 채용 및 능력발전

01 채용

1. 모집

(1) 개념

① 모집이란 유능한 인재를 공무원 임용시험에 응시하도록 하는 활동을 말한다. 이 활동 내용에는 공직희망자에게 임용 및 공직에 대한 정보를 충분히 지원하는 과정을 포함한다.

② 모집은 실적주의에 기초하여 공개경쟁시험원칙에 따라 임용하기 위한 과정으로서 외부임용에 속한다.

③ 모집의 개념은 소극적 모집과 적극적 모집으로 나누어 볼 수 있는데, 공직에 대한 높은 사회적 평가와 민간부문의 취업한계는 공직지원의 경쟁이 심화되어 전통적 방식으로서의 지원을 기다리는 소극적 모집이었다. 그러나 현재는 민간기업의 대우가 공공부문보다 높으며, 상대적으로 공직에 대한 사회적 평가가 낮아짐에 따라 공직에 많은 인재들이 지원할 수 있도록 하는 적극적 모집이 강조되었다.

(2) 적극적 모집의 필요성

민간부문의 상대적 발전과 고용기회의 증대로 인재가 사기업으로 많이 몰렸으며, 특히 정보산업의 발달은 높은 보수와 벤처산업을 육성시켰기 때문에 공직에 대한 선호는 점점 낮아졌다. 우리나라의 경우도 지금까지 공직에 대한 사회적인 높은 평가와 직업의 안정성으로 공직을 희망하는 인재가 많았다. 그러나 공무원의 보수수준과 사회적인 인식이 점차 민간기업을 선도하지 못함으로써 적극적으로 인재를 유치해야 한다. 최근 들어 청년 실업의 급증과 사회적 정년의 단축으로 다시 직업의 안정성이 중요한 가치로 부각되면서 공직에 대한 선호도가 매우 높아지고 있다.

(3) 적극적 모집 방안

① 공직에 대한 높은 사회적 평가와 인식전환 노력: 공직이라는 직업의 신성함과 직무에 대한 높은 사회적 평가가 이루어져야 하며, 보수 등 물질적인 조건의 개선과 근속기간 동안 능력발전이 이루어지도록 노력해야 한다.
② 시험방식 및 절차의 개선: 시험과목의 축소 및 지원 서류의 간소화와 합격자발표, 임용대기기간의 단축이 필요하며, 시험실시기관의 분산과 효율적인 인력계획의 수립으로 지원자들의 체계적인 준비가 되도록 정기적인 시험실시 등이 요구된다.
③ 적극적인 모집 홍보: 공무원 채용시험에 대한 공고차원에서 공무원의 직업적 안정성과 처우개선 등과 같은 유인책을 적극적으로 알림으로써 수준 높은 자격과 능력을 가진 인재를 적극 유치해야 한다.
④ 공무원 장학생 제도의 활성화: 유능하고 필요한 인재를 확보하기 위해서는 산·학·연 협동체제구축과 공무원 인력양성기관의 활성화, 그리고 대학의 공무원 장학제도를 강화해야 한다.

(4) 모집대상의 자격요건

공직자 모집대상의 자격요건을 제한하는 것은 민주주의와 자유평등사상에 위배되지만 공적 부문을 수행하는 조직의 특수성이 있기 때문에 일정의 수준에 있는 지원자를 미리 선별하는 기준을 말한다(2006년 현재에서 공무원 시험응시 나이제한은 합헌으로 결정).

① 국적: 우리나라와 모든 국가에서 외국인은 대상에서 제외하고 있다.
② 학력 및 경력: 공직임용의 학력문제는 나라마다 다르다. 계급제의 임용제도를 채택하고 있는 국가에서는 학력기준을 중시하고 직위분류제의 국가에서는 학력을 획일적으로 규정하지 않고 있다.
　㉠ 학력 중시 국가: 영국·프랑스·독일·일본 등
　㉡ 학력 미중시 국가: 미국·호주·한국 등
③ 연령: 연령제한은 대부분의 국가의 보편적인 적용기준인데, 직업공무원제 강화를 가져오지만 반대로 인간의 기회균등과 연령제한으로 인한 우수인재의 영입을 제한시켜 인적자원의 낭비를 가져올 수 있다. 현재 우리나라는 국가직의 경우 연령을 제한하지 않고 있다.
④ 거주지: 지방자치제도의 활성화와 지역발전을 지역출신 공무원이 지역의 업무를 담당하게 한다.
⑤ 우대자격 및 결격사유 적용: 특별채용 시 해당 분야의 자격증소지자 및 학위소지자를 우대하거나 국가유공자 자녀, 제대 군인, 여성을 우대하는 국가들이 많다.
⑥ 성별: 법적으로 성별을 차별하는 것은 아니지만 인식과 문화상의 관행이 작용할 수도 있다.

(5) 요구 및 평가내용

① 영국: 일반 교양과목(계급제)
② 프랑스: 사회과학일반
③ 독일: 법률지식
④ 미국: 전문지식과 기술(직위분류제)
⑤ 한국: 일반교양내용에 전문지식 가미

2. 시험

(1) 시험의 개념 및 의의

① 시험이란 공개경쟁으로 많은 지원자들 중에서 공무원으로서 적합한
   자격을 갖춘 유능한 인재를 선발하는 수단이자 활동이다.
② 시험의 기능은 다음과 같다.
   ㉠ 실적주의의 확립에 기여
   ㉡ 행정의 민주성과 기회균등보장
   ㉢ 직무수행 능력의 검증
   ㉣ 행정의 능률성 보장

(2) 시험의 조건

① 동일 자격의 모든 지원자들에게 동일한 기회를 부여해야 한다.
② 시험의 측정목적을 실제로 측정할 수 있어야 한다(타당성).
③ 시험이 측정도구로서 일관성이 있어야 한다(신뢰성).
④ 누구에게나 공정한 기준으로 평가되어야 한다(객관성).
⑤ 지원자들의 우열을 가려주어야 한다(난이도).
⑥ 시험과정에서 경제성을 고려한다(실용성).
⑦ 직위분류에 따른 시험과목이 적절하게 선택되어야 한다.
⑧ 임용 후 개인의 직무수행 능력과 근무태도 등을 검증해 줄 수 있어야
   하며, 장래 발전가능성을 예측하는 수단이 되어야 한다.

(3) 시험의 효용성

① 타당성: 시험이 측정하고자 하는 것을 실제로 정확하게 측정했다면 타
   당성이 높다고 말한다. 즉 우수한 인재를 구별할 수 있는 시험능력의
   정도를 말하며, 측정결과를 비교할 수 있는 기준이 필요하다. 그 기준
   은 기준타당성, 내용타당성, 구성타당성으로 나눈다(Nigro의 분류).

㉠ 기준타당성

　㉮ 개념: 시험이 직무수행능력을 얼마나 정확하게 측정했는가의 정
　　도를 말한다. 시험성적과 업무실적을 비교하는 것으로써 고득점
　　자가 저득점자보다 직무수행능력이 높게 평가되어야 한다. 즉 시
　　험성적과 업무실적이 비례한다면 기준타당성은 높은 것이다. 이
　　에 대한 검증방법으로 채용시험 당시 점수와 채용 후 직무수행
　　능력과 비교하는 예측적 타당성 검증방법과 재직자에게 시험을
　　치르고 근무성적과 시험결과와의 상관관계를 확인하는 동시적
　　타당성 검증방법이 있다.

　㉯ 기준타당성 검증의 종류

　　ⓐ 예측적 타당성: 합격자가 일정기간 공무원으로 근무한 후에 검증
　　　하는 방법으로서 응시 당시 시험성적과 채용 후 근무성적을 비교
　　　하여 성적과 근무성적간의 상관관계를 확인하는 검증방법이다.

　　ⓑ 동시적 타당성: 응시시험이 아니고 장래에 측정하려고 제작된
　　　시험을 현 재직자에게 치르게 하고 현재 그들의 근무성적과 시
　　　험결과를 비교하여 검증하는 방법이다.

㉡ 내용타당성: 시험의 내용이 직무수행에 필요한 지식·기술 등의 능
　력요소(타자수의 타자능력, 교환수의 정해진 시간 내의 교환능력)를
　얼마나 측정할 수 있는 기준을 가지고 있느냐를 말한다. 일반적인
　장래의 업무실적을 예측할 수 있느냐 하는 것은 기준타당성의 영역
　이고, 구체적인 능력요소 등을 측정하는 시험은 내용타당성이 높다
　고 말할 수 있다.

㉢ 구성타당성: 측정대상자의 논리적 능력의 여부를 측정하는 것으로서
　고위직의 경우처럼 직무의 능력요소를 구체적으로 명시하기 어려운
　경우에는 구체적으로 표현할 수 있는 직무능력 요소와 유사하거나
　동일 수준에서 구성된 논리적 능력요소를 설정하여 측정하고자 하
　는데, 그에 대한 지식과 능력이 있는가를 시험이 적절히 평가해 주
　었을 때 구성적 타당성이 있다고 보는 것이다.

② 신뢰성: 시험이 대상자의 능력을 일관성을 가진 측정도구로 측정할 때 신뢰성이 있다고 말한다. 즉 시험장소, 시간 등 여건에 따라서 동일한 문제의 점수결과가 다르게 나타나서는 안 되는 일관성이다. 타당성은 먼저 신뢰성이 전제되어야 하지만 신뢰성이 높다고 해서 타당성이 반드시 높다고는 단정할 수 없다. 신뢰성의 검증 방법은 다음과 같다.

　㉠ 재시험법: 동일 시험을 동일한 집단에 기억을 못할 정도의 시간 간격(1～2주 정도)을 두고 반복하여 두 번 시험을 보게 하고 비교한 결과, 시험점수 차이가 적으면 신뢰성이 높다고 보는 것이다.

　㉡ 복수양식법: 동일한 내용의 시험을 구성과 양식을 달리하여 동일 집단에 실시하여 성적을 비교하는 방법으로서 점수 차이가 적으면 신뢰성은 높은 것이다.

　㉢ 이분법: 각 문항을 두 부분으로 나누어 두 부분에 대한 성적 간의 상관관계를 검증하는 방법이다.

　㉣ 문항의 일관성 검증법: 모든 문항 간의 성적을 비교함으로써 문항 간의 상관관계가 일관성을 가지고 있는지를 검증하는 방법이다.

③ 객관성: 시험결과가 채점자의 편견과 주관적 의도 및 시험외적 요인에 의해 영향을 받지 않고 동일하게 나타났을 때, 그 시험은 객관적인 시험이라고 인정한다. 즉 동일채점자가 동일 답안에 대해서 여러 번 반복을 하거나 동일 답안에 대해서 다른 사람이 채점을 하여도 동일한 점수가 나와야 한다는 것이다. 여러 사람의 심판을 두는 것은 객관성을 확보하기 위한 제도이다. 여기서 신뢰성을 전제로 객관성이 보장된다.

④ 난이도: 시험의 어려운 정도를 말하는 것으로서 지원자의 능력의 차이를 구별해 줄 만큼 어려워야 바람직하다. 너무 쉽거나 어려우면 점수 분포가 한 곳에 집중되어 시험의 효용성이 낮아진다.

⑤ 실용성: 시험관리상 비용의 저렴성과 시험실시 및 채점이 용이해야 한다는 점 등 여러 측면에서의 경제성을 말하는 것이다.

(4) 시험의 종류

① 형식(방법)에 의한 분류: 필기시험, 면접(구술)시험, 실기시험, 서류심사 등
② 내용(목적)에 의한 분류: 지능검사, 특수지능(적성)검사, 업적(성취)검사,
성격검사, 신체검사, 흥미검사

3. 임용

(1) 개념

① 협의의 개념: 공무원을 특정의 직위에 보직시키는 행위로서 정부조직
의 결원을 보충하는 것을 임용이라 한다. 결원보충의 의미로 볼 때,
임용은 외부충원(외부임용)과 내부충원(내부임용)으로 설명할 수 있다.
② 광의의 개념: 위의 협의의 개념인 충원의 의미와 공무원 관계를 발생,
소멸시키는 모든 인사상의 변동행위를 말한다. 따라서 신규 채용을
비롯하여 승진, 전보, 겸임, 전직, 파견, 강임, 휴직, 직위해제, 정직,
복직, 면직, 해임 및 파면을 모두 임용으로 규정하고 있다<공무원임
용령 제2조 제1항>.

(2) 임용의 종류

① 외부임용
　　㉠ 공개경쟁채용: 실적주의에 근거한 대부분의 공직에의 임용을 말하는
　　　 것으로서 모든 사람들에게 지원기회를 동등하게 주고 시험을 통한
　　　 채용방식이다. 공개경쟁채용의 목적을 달성하기 위해 절차의 표준
　　　 화가 요구되는데, 그 내용은 모집·시험·채용후보자명부작성·임
　　　 용추천·시보임용·정식임용(발령)·보직 등이 해당된다.
　　㉡ 특별채용: 신규 채용에 포함되며 별도의 선발절차를 거치는 제도로

서 공개경쟁채용의 문제점 보완과 필요한 인력확보에 주안점을 두
는 임용제도이다. 그 대상의 예로서 우리나라 공무원법 제28조 제2
항에 퇴직자의 임용, 관련 자격증 소지자, 1급 공무원(통계청장, 기
상청장 등), 외국어 능통자, 특수목적 학교의 졸업자, 임용예정 직
급에 상응하는 근무실적 또는 연구실적 및 경력 3년 이상인 자, 특
수직무 분야 또는 도서·벽지 등 특수지역에 근무할 자는 특별채
용이 가능하다고 규정하고 있다.

② 내부임용

㉠ 수직적 인사이동

㉮ 승진: 상위직급(계급)으로 올라가는 상향적 인사이동이다.

㉯ 강임: 하위직급(계급)으로 내려가는 하향적 인사이동이다. 국가공
무원법 제73조 제3항에 의하면 '임용권자는 직제 및 정원의 변경
과 예산의 감소 등으로 인하여 직위가 폐지되거나 강등되어 과원
이 되거나 본인이 동의하는 경우에는 소속 공무원을 강임할 수
있다.'라고 되어 있다. 공무원의 강임은 개인 과오로 인한 군인과
같은 강등이 아니라 조직개편과 같은 사유로 발생할 수 있다.

㉡ 수평적 인사이동

㉮ 전직: 등급은 같지만 직렬이 다른 직위로 전환하는 인사이동을
말한다.

㉯ 전보: 직무의 내용과 직급이 동일한 직책으로 자리를 이동하는
것이다.

㉰ 겸임(겸직): 한 사람에게 두 직책을 부여하는 것을 말한다.

㉱ 파견: 소속기관의 변동 없이 임시 기간 동안(3개월~6개월 이내)
다른 기관이나 부서에서 직무를 수행하고 기간이 끝나면 원래 소
속으로 복귀하는 것을 말한다. 주로 공석이 발생했을 때 후임 공
무원이 채워질 때까지나 업무지원을 위해 해당 기관장의 요청으
로 이루어진다.

㉲ 직무대행: 결원이 발생했을 때(주로 상위직)나 휴가 등으로 인해

발생한 공석의 직무수행을 대신하는 것을 말한다.

ⓒ 기타 인사변동

㉮ 휴직: 공무원의 개인 사정으로 인해 일정 기간 동안 직무수행을 정지하는 제도이다.

㉯ 정직: 징계의 종류에 속하는 것으로 과오로 인해 일시적으로 직무와 직책에 대한 권한을 중지시키는 것이다(1월 내지 3월).

㉰ 면직: 현 직책에서 물러나게 하는 것으로서 더 이상 직책을 부여하지 않는 것이다. 즉 보직을 주지 않는 것을 말한다. 사망했거나 개인사정, 과오 등으로 인사권자는 법이 정한 절차에 따라 해당 공무원을 면직시킬 수 있다.

㉱ 해임: 징계의 일종으로서 면직과 같이 직책에서 물러나게 하는 것인데, 주로 개인 과오로 인한 문책이다.

㉲ 직위해제: 공무원의 각종 비위나 책임을 져야 할 사항으로 문제가 발생된 경우 징계가 이루어지기 전의 선 조치로서 일단 직위에서 권한을 박탈시키고, 추후 징계위원회를 통해 해임과 파면 등 여러 징계조치를 취하게 된다.

㉳ 파면: 공무원의 비위사실 등으로 인해 공무원의 신분을 박탈하는 것이다.

㉴ 복직: 면직, 해임, 직위해제, 파면 등의 조치에서 다시 직책을 부여받는 것을 말한다.

(3) 시험실시기관의 임용절차

① 채용후보자 명부작성

㉠ 등록절차: 공개경쟁시험 후 합격자가 결정되면 임용되기 전에 행정자치부 등 기타 해당 시험실시기관은 합격자들이 등록을 하면 직급별로 시험성적 순으로 필요한 사항들이 기재된 채용후보자 명부를 작성한다.

ⓒ 채용후보자 명부 유효기간: 5급 공무원은 5년, 6급 이하 및 기타의 채용후보자 명부의 유효기간은 2년의 범위 내에서 대통령령으로 정하고, 1년의 범위 내에서 유효기간을 연장할 수 있다.

② 시험실시기관의 추천: 시험실시기관의 장은 채용후보자 명부에 등록된 채용후보자를 각 기관의 결원 및 결원예상인원을 고려하여 임용권 또는 임용제청권자에게 추천하여야 한다.

③ 시보임용

　ⓐ 개념: 시보제도는 임용예정자에게 정식임용 전에 일정한 기간 임용예정직 업무를 수행할 기회를 주어 직무수행 능력을 평가하고 검증을 위한 제도이다. 신규임용과 승진 시의 경우에도 적용된다.

　ⓑ 목적: 채용 후보자의 적격성 심사이며, 적응훈련의 기회를 제공한다.

　ⓒ 기간: 5급 공무원은 1년, 6급 이하 및 기능직 공무원은 6개월의 시보기간을 둔 후 정식으로 임용한다.

　ⓓ 시보기간의 신분: 시보기간 중에 교육성적과 근무성적이 양호한 경우에는 정규 공무원으로 임용하지만 불량한 것으로 평가되면 면직시키거나 면직을 제청할 수 있다. 시보임용기간 중 면직에 대한 소청심사를 청구할 수 있으며, 처분된 날로부터 30일 이내에 청구하여야 한다.

02 교육훈련

1. 의의

(1) 개념

공무원의 교육훈련이란 조직의 발전과 개인의 잠재력 발전이라는 두 가지 목표달성을 위해 직무수행 상 필요한 지식과 기술을 습득시키고, 공무원으로서 갖추어야 할 가치관 및 태도, 자세 등의 변화를 추구하는 활동을 의미하며, 근무성적평정 및 승진제도 등과 함께 공무원능력발전의 수단으로 관리된다.

(2) 교육기관 및 실시

교육훈련은 내부교육과 위탁교육제도와 같은 외부 전문기관에서도 많이 이루어지고 있다. 그리고 현재 우리나라는 중앙인사위원회 소속 중앙공무원교육원에서 5급 이상의 공무원과 신규 채용자에 대한 교육훈련을 담당하고 있다.

(3) 필요성

행정환경의 변화, 즉 전문화, 기능의 확대와 환경변동 대응능력의 요구증대, 새로운 기술의 도입, 직무에 필요한 인력의 양성과 활용의 필요성 증대 등으로 개인의 능력발전과 조직발전을 도모하기 위한 교육훈련의 중요성이 인식되고 있다.

2. 교육훈련의 목적

① 공무원의 직무에 필요한 지식과 기술 및 태도 등의 변화와 발전을 통해 개인 및 조직의 발전을 도모한다.
② 위탁교육 등의 제도는 공무원의 개인능력발전을 추구하므로 사기증진 및 근무의욕을 증진시키고 조직에 대한 구성원의 충성심과 자부심의 동기부여를 가져와 조직의 안정성을 가져온다.
③ 교육훈련은 인적자원의 개발과 활용이므로 조직의 생산성과 능률성 향상에 이바지한다.
④ 교육훈련은 조직의 목표를 달성하기 위한 구성원의 단결 및 일체감 조성과 부처 및 기관 간의 업무협조와 어느 정도의 행정윤리확립 및 형식주의와 무사안일주의와 같은 관료제의 한계극복에 기여할 수 있다. 그러나 공직자로서의 사명감과 업무만족과 같은 질적 변화 추구에는 한계가 있다.
⑤ 잘 교육된 인력은 인력의 신축성과 원활한 인사관리에 도움을 주며 개인 경력발전과 직결된다.

3. 교육훈련의 종류

(1) 신규 채용자 교육훈련(기초교육훈련 또는 적응교육훈련)

신규 채용된 공무원이 직책을 담당하기 전에 받는 기초적인 소양교육과 담당할 직무에 대한 성격, 지식, 내용, 태도 등으로서 전반적이고 일반적인 교육과 안내의 성격을 가지고 있다.

(2) 재적응훈련

신규가 아닌 승진, 복직, 보직변경 등과 같은 경력자의 신상변동으로 발생한 내부 채용의 경우에 실시하는 훈련이다.

(3) 정부 고유업무 담당자 교육훈련

일반 교육기관과 민간기업의 훈련이 아니라 경찰, 소방, 세무 등과 같은 정부의 전문직종의 교육훈련은 장기적인 기간을 두고 경찰학교나 소방학교에서 실시하고 있다.

(4) 재직자 교육훈련(보수교육)

재직 공무원에게 변화된 새로운 지식·기술이나 새로운 규칙·법령의 내용을 습득시키고 직무환경의 변화를 주어 재직자의 근무태도와 의욕 등을 재충전시키기 위해기 위하여 정기적으로 또는 수시로 실시되는 훈련을 말한다.

(5) 감독자 교육훈련

감독자급인 계장, 과장급에 대한 관리능력과 책임성을 높이기 위한 교육훈련으로서 직무와 책임문제, 합리적인 인간관계 모색, 인사행정 및 사무관리, 부하훈련 등 감독자의 기술적인 면을 다루고 있다.

(6) 관리자훈련(관리능력향상훈련, 고급관리자훈련)

국장급과 같은 최고 및 중간관리자를 중심으로 관리층의 조직관리능력과 정책결정능력 등의 높은 수준의 능력배양을 목적으로 하고 있다. 특히 이 교육훈련은 일정분야의 직무능력 배양을 목적으로 하지 않으며, 조직과 인간 등 전반적인 관리능력의 향상을 추구한다. 즉 전문행정가 양성이 아닌 일반행정가의 능력배양에 초점을 둔다.

(7) 기타 교육훈련(공직자 윤리교육)

기타로 공무원의 윤리교육이 있는데, 무형적인 측면의 교육으로서 공무원의 가치관, 태도, 윤리성 등의 행태적 요소의 변화를 추구하고 있다. 이 교육훈련은 정기 또는 수시로 정신교육을 실시하고 있으며, 연수원 입과와 장기적인 교육훈련 방법인 조직발전(OD: Organization Development) 관리기법도 이에 해당한다.

4. 교육훈련 수요조사

(1) 개념

조직이 원하는 기준에 미달된 공무원의 능력을 파악하여 필요한 교육훈련의 내용과 수요를 결정하기 위한 판단과정의 활동이다.

(2) 수요조사의 효용성

수요조사는 교육훈련의 내용을 결정하고 피교육자의 선발기준과 교육훈련 방법을 결정해 주는 역할을 한다.

(3) 수요분석차원의 구분

① 정부차원: 정부의 기본 목표 및 사업계획과 정부행정과정의 환경요인에 대한 분석을 기초로 교육훈련 수요를 결정하는 분석수준이다.
② 직무차원: 직무내용과 이에 대한 지식과 기술 및 태도 등을 분석하는 것이다.
③ 개인차원: 조직, 직무, 업무실적, 직무수행능력, 태도 등 다양한 요소를 개인적 차원의 최저 수준에서 교육훈련의 수요를 분석하려 한다(개인 직무분석과 근무성적평정에 기초).

(4) 수요조사의 단계

① 교육훈련 조사의 목표설정
② 대상 자료의 결정
③ 자료수집 방법의 결정과 수집활동
④ 자료분석
⑤ 분석에 기초한 교육훈련의 우선순위 결정
⑥ 교육훈련 실시를 위한 보고서 작성

5. 교육훈련의 종류

(1) 강의(lecture)

한 사람의 교육자가 다수의 피교육자를 대상으로 일방적으로 정보와 지식을 전달하는 방식으로서 일시에 많은 교육을 실시할 수 있는 장점이 있으나 교육효과에 있어서는 강사와 강의법에 따라 다르게 나타날 수 있다.

(2) 회의(conference)

최고책임자를 중심으로 관련자들이 모여 어떤 문제나 사안에 대한 해결책이나 대안을 찾는 방식이다. 조직 및 회의성격과 주재하는 사람에 따라 진행방식이 다르나 대부분 집권화 방식이 나타나기 쉽다.

(3) 토론

여러 사람이 한 자리에 모여서 한 사람의 사회자를 중심으로 정해진 의제를 참석자들이 토론에 참가하도록 하고 최종 결론을 사회자가 내리는 방식을 말한다. 장점은 아이디어와 정보교환에 유용하며 지도력과 협조정신을 키울 수 있고 실무에 널리 사용된다.

① 패널(panel)과 심포지엄(symposium): 토론의 참가자들이 정해진 주제
   에 대하여 토론하는 방식으로서 패널은 하나의 주제에 대해 토론하는
   방식이며, 심포지엄은 각각 다른 주제에 대해 발표하고 공동으로 토
   론하는 방식이다. 장점으로는 많은 수를 대상으로 할 수 있으며, 다방
   면의 지식과 견해를 종합할 수 있고 주요 쟁점파악이 용이하다.
② 포럼(forum): 주제 발표자가 먼저 주제를 발표하고 토론을 한 후 다
   수의 참여자의 질의응답 및 토론의 기회가 주어지는 방식이다.
③ 분임토의(syndicate): 영국의 행정간부대학에서 개발·활용된 분임연
   구 또는 신디게이트라 한다. 보통 전체 집단을 몇 개의 소집단으로
   구분하여 각각 토론한 후 그 내용들을 발표하고 최종 발표내용물로
   종합함으로써 서로 정보를 공유하는 집단적 연구와 교육훈련을 목적
   으로 하는 방식이다.

(4) 모의훈련

모의연습(훈련), 시뮬레이션(simulation)이라고도 하며, 업무수행과 관련한
가상 상황을 설정해 놓고 사전에 현실과 같은 상황에서와 같이 경험해 봄
으로써 실제상의 대처능력 향상에 큰 역할을 한다.

(5) 역할 연기(role playing)

연기자들이 다수의 피교육자 앞에서 실제처럼 연기를 하고 사회자들이
각각 자기의 상황과 비교하고 공감대를 형성하면서 교육의 효과를 기대한
다. 또한 실제 상황처럼 보여주므로 문제에 대한 이해가 빠르고 대인관계에
대한 통찰력과 기술을 습득시켜 준다. 그러나 인위적인 연출로 어색한 분위
기가 조성되어 효과를 떨어뜨리는 단점도 있다. 공공서비스의 공급자인 공
무원이 수혜자인 시민의 입장을 가장 잘 이해할 수 있도록 하기 위한 효과
적인 방법 중의 하나이다.

⑹ 감수성 훈련(sensitivity)

조직발전(OD)기법에 활용되는 훈련의 일종으로서 직장을 떠나 주로 연수원에서 이루어지며, 실험실훈련, T-Group훈련이라고도 한다. 전체를 10명 내지 15명 정도의 그룹으로 나누어 그룹 내 또는 전체에서 서로 자유롭게 접촉하면서 개인의 감수성을 바탕으로 상대방을 이해하고 조직을 다시 한번 생각하는 기회를 갖게 되며, 궁극적으로는 인간행태를 변화시키는 훈련방식이다. 주제나 절차가 정해져 있지 않은 점이 특징이며, 훈련의 주된 목적은 집단의식 고취와 대인관계의 향상을 도모하고, 기본적인 인식은 인간은 개인주의적 성향을 가졌다는 데서 출발한다.

⑺ 현장교육(OJT)

① 개념: 일명 직장훈련, 현장훈련을 말하며, OJT(on the job training)로 불리고 있다. 실제 직장에서 업무를 수행하면서 상급자로부터 직접 업무와 경험을 지도받는 방식이다. 현실적인 훈련방법으로 널리 활용되고 있다.
② 장점 및 특징: 연수원 운영으로 인한 재정낭비를 방지(조세저항 극복)할 수 있으며, 주입식 교육의 한계를 극복할 수 있다. 또한 공석발생이 방지되므로 임무수행에 자질이 발생하지 않으며, 교육과 실무가 동시에 이루어지므로 노하우를 습득할 수 있다.

⑻ 기타 전보 또는 순환보직을 통한 교육훈련과 실무수습, 시청각교육, 프로그램 학습방법, 극기훈련, 임시대행방법, 견학 및 시찰 등이 있다.

6. 훈련에 대한 저항과 극복

(1) 외부 저항

교육훈련예산의 별도 편성으로 예산의 증액이 필요하므로 입법부의 저항이 발생한다.

(2) 내부 저항

① 교육훈련은 불편하거나 업무의 지속성을 저해하는 것으로 인식하여 본인이나 소속 부서장의 저항을 초래하고 있다.
② 개인의 훈련성과에 대한 계량화의 곤란으로 교육훈련에 대한 지속적인 시행이 어렵다.

(3) 극복방안

① 교육훈련 실시에 대한 제도적인 장치와 강력한 상부의 감독이 필요하다.
② 교육훈련의 성과의 계량화 방안 모색과 훈련의 성적을 승진, 전보 등 인사관리에 적극적으로 반영한다.
③ 합리적인 사전 훈련계획수립과 철저한 운영에 대한 제도적 장치가 절실하다.
④ 교육훈련 이수자의 의견을 적극 반영하여 지속적인 제도적 보완을 강화한다.

1. 개념

근무성적평정이란 공무원의 업무실적·직무수행능력·근무태도·발전성 등을 체계적·객관적·합리적으로 평가하여 개인의 능력발전을 도모하고 승진 및 전보 등의 인사관리자료로 활용하는 제도이다.

2. 목적

(1) 인사관리의 객관적 자료 제공

근무성적평정의 결과는 승진, 전보, 상벌 등의 인사조치가 이루어질 때 객관적 기준과 자료로 활용되며, 공무원의 동기부여 및 통제의 수단이 된다. 또한 연봉결정과 성과급제도 시행의 기초자료로 활용할 수 있다.

(2) 행정발전 및 공무원의 능력발전 도모

공무원 개인의 장·단점과 특성을 파악하는 수단이 되므로 능력발전의 계기가 되며, 결과는 직무수행에 영향을 미치므로 행정발전(행정조직의 내부 발전)에 기여한다.

(3) 시험타당도 측정기준의 수단

근무성적평정의 결과와 시험의 타당도는 상관관계를 가지고 있으므로 시험성적이 높은 사람이 근무성적평정 결과가 좋게 나오면 시험의 타당성은 높다고 보고 있다. 따라서 근무성적평정을 시험제도의 개선을 위한 환류로 활용할 수 있다.

(4) 교육훈련 수요파악의 기준을 제시

피평정자의 장점과 단점을 보완하기 위한 교육훈련수요와 내용을 결정하는 기준제시에 도움을 준다. 즉 평정결과에 따라 어떤 교육훈련 내용이 필요하고 적절한지를 판단할 수가 있다.

3. 근무성적평정의 유형

(1) 평정방법에 의한 분류

① 도표식 평정척도법(graphic rating scale)
  ㉠ 개념: 여러 평정요소를 정해놓고 각 평정요소 마다 각각 등급을 표시하는 방법이다. 요소의 합계를 결과로 개인의 최종 등급을 결정한다. 우리나라의 5급 이하의 공무원의 근무성적평정에 사용하고 있다.
  ㉡ 장·단점: 가장 보편적인 평정방법으로서 평정표 작성이 용이하고 쉬운 반면에 ㉮ 평정요소 설정 시 합리적인 기준이 없이 일반적인 기준으로 이루어져 있고, 설정하기가 어렵다. ㉯ 5가지(탁월, 우수, 보통, 미흡, 불량)의 등급기준이 평정자가 선택하는 데 판단하기 모호한 기준이므로 평정자마다 차이가 발생할 수 있다. ㉰ 평정요소들이 동시에 같은 평정표상에 있으므로 평정 시 오류인 연쇄효과가 발생하기 쉽다.
② 강제배분법(forced distribution)
  ㉠ 개념: 엄밀히 근무성적평정의 유형은 아니며, 평정방법 중의 하나의 원칙이라 할 수 있다. 평정결과가 한 쪽으로 집중되는 것을 막기 위해 평정분포를 일정한 비율로 정해 놓은 것을 말하며, 정상분포

로써 평정자는 이 비율을 적용하여 평정하여야 한다(우리나라는 수, 우, 양, 가에 각각 2: 4: 3: 1로 배분).

   ⓛ 장·단점: 평정 시 관대화나 과소평가로 인한 어느 한쪽으로의 집중화를 막을 수 있으나 강제분포를 해야 하므로 우수한 평정대상자도 강제로 낮은 등급을 받아야 하는 경우가 발생한다. 그리고 평정대상자가 많은 경우에는 기관 간의 불균형을 제거할 수 있고, 평정의 객관성과 신뢰성을 어느 정도 확보할 수 있으나 평정대상자가 적거나 소수의 전문직으로 이루어진 집단의 경우에는 오히려 불합리하다. 또한 역산식 평정(강제배분 후 역으로 등급에 해당하는 점수 부여)의 가능성이 있다.

③ 사실기록법
   ㉠ 개념: 작업량과 같은 객관적인 사실을 기초로 평가하는 방법이다.
   ㉡ 유형
      ㉮ 산출기록법: 문서기안 건수 등 일정한 시간 동안 문서의 생산량을 기록하여 평가하는 방법이다. 단순한 양만을 평가하기 때문에 작업의 질과 개인의 능력 및 특성 등을 평가하기 어려운 단점이 있다.
      ㉯ 주기적 검사법: 일정 기간의 업무량을 분석하여 평정기간의 전체의 업무실적을 추정 평가한다.
      ㉰ 근태기록법: 공무원의 평소 근태기록으로 평정하는 방법이다. 근태에는 지각, 결근 일수 등만을 말하므로 작업의 양과 질 그리고 개인태도 등을 평가 할 수 없다.
      ㉱ 가감점수법: 직무수행이 우수한 경우에는 가점을 주고 과오를 범한 경우에는 감점을 주어 합산하는 평정방법이다. 객관적인 평정으로 보일 수도 있으나 평정자에 대한 대상자가 형식에 치우친 인위적인 업무를 하기 쉬워 질적인 업무를 기대하기 어렵다.

④ 강제선택법: 평정요소를 2개 내지는 4~5개 정도로 정해놓고 평정대상자의 특성에 가까운 항목에 강제적으로 선택하여 표시하도록 하는 방법이다. 평정대상자에 대해 유리거나 불리한 항목의 기준이 없으므로

평정자의 사적 감정을 배제할 수 있으며, 강제선택적 체크리스트 방법이라고도 한다.

⑤ 서열법: 특정 집단 내의 평정대상자 간의 근무성적을 비교해서 서열을 정하는 방법이며, 전체적인 순위(종합적 순위법)와 요소별 순위(분석적 순위법)를 정할 수 있다. 특정 집단 내에서의 순위결정은 가능하나 조직 전체집단에서의 순위결정과 비교는 곤란한 방법이다.

⑥ 쌍쌍비교법과 대인비교법: 서열을 정하기 위한 방법으로써 쌍쌍비교법은 두 사람씩 짝을 지우고 평정을 반복하는 방법으로서 두 사람 간의 비교가 가능하므로 객관적 평정을 할 수 있지만 평정 대상자의 수가 많으면 평정하기가 용이하지 않다. 대인비교법은 지도력 또는 관리능력, 전문지식, 책임성과 도덕성, 협조성 등을 평가요소로 선정하고 평정요소마다 상, 중, 하로 등급을 정한 후 각 등급에 적합한 대상인물을 선정하여 평정 대상자와 비교하여 평가하는 방법이다.

⑦ 목표관리평정법: 목표관리(MBO)기법을 적용한 것으로서 부하와 상급자 간의 합의된 목표를 정하고 일정 기간(보통 1년) 후에 목표달성도를 평가받는 방법이다(현재는 직무성과계약제로 발전).

⑧ 중요사건기록법: 이 방법은 피평정자가 자신의 업무실적을 판단해 주는 행사나 중요 사건을 기록하거나 또는 중요 사건에 대한 것들을 설명에 놓으면 평정자가 해당 사건에 표시하는 방법이다. 객관적인 사실에 기초하므로 합리적이지만 사건 기록의 기준이 모호하며, 시간 등의 문제로 번거로운 단점이 있다.

⑨ 체크리스트 평정법(사실표지법): 평정표(체크리스트)에 나열된 평정요소에 따라 긍정 또는 부정의 두 가지만으로 체크하는 방법이다. 점수화 등은 후에 인사담당자들이 다른 피평정자의 평가표를 모아서 실시한다.

⑩ 행태기준 평정척도법: 도표식과 중요사건 평정척도법의 장점을 혼합한 형태로서 직무와 관련된 주요 업무분야를 선정하여 가장 잘한 업무행태부터 못한 업무행태까지 몇 개의 등급으로 나누어 도표로 만들어 놓는다. 그리고 그 등급마다 중요 행태를 구체적으로 기술하여 점수

를 할당하고, 이에 따라 피평정자와 관련된 업무행태결과를 비교·평정하는 방법이다. 장점으로는 평정자의 객관성에 의한 오류방지와 피평정자가 평정기준이 되는 과업분야를 직접 선정함으로써 평정에 대한 참여와 관심을 높일 수 있다. 그러나 직무에 따른 평가양식이 별도로 필요하며, 행태기준 선정상의 시간과 노력이 많이 든다.

⑪ 행태관찰척도법: 행태기준 평정척도법과 도표식 평정방법을 통합한 형태로서 피평정자의 행태에 관한 구체적인 사건 및 사례를 중심으로 평정하는 방법이다. 연쇄효과에 의한 평정의 오류가 발생할 수 있지만 평정자의 주관성을 배제시킬 수 있다.

⑫ 서술법: 평정자가 피평정자의 업무실적과 직무행태 및 개인의 특성 등을 직접 서술식 문장으로 작성하는 방법으로서 대상자에 대한 정확하고 구체적인 서술이 가능하다. 하지만 주관적인 서술이 되므로 평정의 차이가 심하고 다른 평정 대상자와의 객관적인 비교가 곤란하다.

(2) 평정자를 기준으로 한 분류

① 자기평정법: 피평정자 스스로가 직접 자신의 업무와 근무태도 등을 평가하는 방법으로서 주관적인 단점도 있지만 자신의 문제점을 찾아내고 개선할 수 있는 기회를 가져와 능력발전에 기여한다. 현재 군에서는 평정기간 중의 업무실적을 자신이 설명하도록 하고, 이를 통해 평정자가 자신의 판단과 업무실적을 참고해서 평정점수를 부여하고 있다.

② 동료평정법: 동료들 간 서로 평정하는 집단 평정방법으로 동료들 간에는 상급자가 모르는 부분까지 평가할 수 있기 때문에 상급자의 제한된 평가시야를 넓혀줄 수 있다. 그러나 개인 간의 친분 등과 같은 요인으로 객관성이 결여될 수 있는 단점도 있다.

③ 감독자평정법: 일반적인 상급자에 의한 평가로서 직속 감독자급인 상관이 하는 평정방법이다.

④ 부하평정법: 보통 상급자는 부하에 대해 명령하는 입장으로서 상급자

에 의한 평정은 조직의 경직성을 가져오지만 부하가 상급자를 평정함으로써 권위적인 지배구조를 개선시킬 수 있다. 하지만 부하의 눈치를 보는 사례와 하극상의 문제를 야기할 수 있으므로 계급에 의해 운영되는 조직에서는 바람직하지 않다.

4. 다면평가제

(1) 개념

① 다면평가란 말 그대로 얼굴이 많다는 의미로 피평정자 하나에 평정하는 사람이 여러 사람이라는 것이다. 다면 평가자의 구성은 전후, 좌우, 상하 또는 민원인 등의 외부사람도 포함된다.
② 상급자 동료, 부하, 민원인 등을 말한다. 360도 전 방위 평가라고도 하며, 기업에서 시작되어 공공부문으로 확산되었다. 특히 군에서는 근무평정과는 별도로 진급 직전에 실시하여 진급에 반영하고 있다.
③ 기존의 평가시스템에 추가적으로 필요시(승진) 실시한다.

(2) 대두배경

① 기존의 근무평정의 한계: 연공서열 중심, 역산제 평정, 기존 평가제도는 결과의 비공개 등
② 목표관리제와 성과급 등의 적용과의 연계를 목적

(3) 장점

① 종합성·객관성·공정성·신뢰성·수용성·신중성 확보: 보통 평정자는 1차 평정자(직속 상급자), 2차 확인자(차상급 또는 기관장)로 구성되어 있어 2차 평정자는 계급의 차이로 피평정자에 대해 잘 모르는 경

우가 있다. 또한 평정자에 대해 좋은 이미지를 주면 좋은 평가를 받을 수 있지만 여러 명의 객관적인 대상들이 평정함으로써 평정에 대해 많은 효과를 확보할 수 있다.

② 능력발전에 기여: 평가대상자의 자기계발을 촉진하는 계기와 개인의 모습을 정확히 반영할 수 있어서 능력발전에 도움이 되며, 평가결과에 대한 반발을 최소화 시키게 된다.

③ 분권적 평가: 두 사람만이 하는 도표식 평정법의 집권성 평가의 모순점을 개선하는 분권적 평가를 할 수 있다.

④ 고객참여 활성화: 다면평가 시 외부 민원인과 업무에 관련된 고객(시민)을 포함함으로써 공공부문에 대한 고객의 관심과 참여를 유도할 수 있다.

(4) 단점

① 평가자의 한계: 평가의 개인적 친분을 기준으로 나쁜 관계를 가진 상대에 대해서는 객관적인 평가를 하지 않고, 평정자들의 담합과 모략 행위가 발생할 수 있다.

② 포퓰리즘(populism)의 발생: 포퓰리즘이란 원래 용어로 해석하면 대중주의인데, 대중에 대한 인기 영합주의를 말한다. 즉 근무평정에 대한 포퓰리즘은 평정 대상자가 업무와 근무태도 및 인간성을 평가받으려 하지 않고 주위의 인기를 얻어 좋은 평가를 받으려는 것을 말한다. 즉 대인관계에 치우친 업무행태를 보이기 쉽다.

③ 평가시행에 따른 사전준비, 홍보 등 여러 측면의 비용 발생

④ 평가결과 공개의 한계: 기존의 평가결과는 비공개였지만 다면평정결과의 공개는 구성원 간 불신과 갈등을 조장할 수 있다.

⑤ 평가기준의 다양성의 문제

⑥ 평가과정 중에 의사전달의 촉진으로 리더십 발전을 기대할 수 있지만 하급자의 눈치를 봐야하는 측면에서는 관리자의 리더십의 약화도 발생한다.

(5) 한국의 다면평가제도

① 의의: 노무현 정부의 개혁성향과 함께 정부 및 지방자치단체에 다면평가제도가 도입되면서 군의 장교진급제도의 보완책으로 적용하고 있다.

② 연혁: 다면평가제는 1995년 국가공무원법 개정에 따라 특허청 등이 승진 시 다면평가제도를 적용하였다. 중앙인사위원회에서 평가결과와 효과성을 계량화하여 신뢰성과 타당성 등을 확인하면서 2000년 이후 정부 및 지방자치단체 조직으로 확산·적용하였다. 해양수산부는 2000년 다면평가를 시행하고 2003년 1월 당시에는 47개 중앙행정기관 중 40곳이 다면평가제를 승진과 보직관리, 성과상여금 지급, 교육훈련, 포상 등 각종 인사관리자료로 활용하고 있다. 그리고 다면평가 결과는 공개하도록 되어 있다.

5. 근무성적평정상의 오류

(1) 연쇄효과(halo effect)

후광효과라고도 하며, 평정자의 판단이 같은 방향으로 연쇄적으로 나타나는 현상으로 하나의 평정요소가 결정되면 다른 요소에도 영향을 미치는 효과를 말한다. 피평정자를 판단하기에 관련이 적은 평정요소로 구성되어 있거나 유사한 평정요소가 연결되어 배열되어 있을 때 나타나는 경우가 많다.

(2) 집중화 경향(central tendency)

평정등급상의 중간에 몰리는 현상으로서 평정자가 피평정자의 정보를 잘 모르는 경우 또는 부하들의 눈치를 고려해서 중간 정도의 적당한 등급으로 평정하는 것을 말한다.

(3) 관대화 경향(tendency of leniency)

평정자가 피평정자의 능력과 수준보다 높은 평가를 하여 평정결과가 우수한 등급에 몰리는 결과를 말한다. 부하들을 잘 모르거나 정서상 낮은 평가를 하는 것을 꺼려하기 때문이다.

(4) 엄격화 경향(tendency of strictness)

관대화 경향의 반대현상으로서 실제 피평자를 실제보다 낮게 판단하여 낮은 평가 등급으로 평가하는 것을 말한다.

(5) 규칙적 오류(systematic error)

일관적 오류 또는 조직적 오류라고도 하며, 다른 평정자의 성향에 따라 다른 평정자들보다 늘 낮은 점수를 주거나 반대로 항상 높은 점수를 주는 오류를 말한다. 따라서 이러한 현상을 막기 위해서는 강제배분법이 적용되어야 한다.

(6) 총계적 오류(total error)

일관성 없는 평정자의 판단과 평정기준으로 관대화 또는 엄격화 경향이 일정하지 않고 불규칙하게 나타나는 오류로서 총체적 오류라고도 한다.

(7) 논리적 오류(logical error)

연쇄효과와 유사한 오류처럼 평정자의 의식에 평정요소 간의 논리적 연관관계가 있다고 생각함으로써 발생하는 평정자의 논리적 판단오류를 말한다.

(8) 선입견과 고정관념에 의한 오류(상동적 오류, 유형화의 오류)

피평정자에 대한 선입관이나 평정자의 고정관념이 평정 시 적용되어 합리적이고 객관적인 평정을 하지 못한 데에 발생하는 오류이다(성별, 출신지역, 학교, 소문과 자신의 가치관).

(9) 시간적 오류(recency error)

평정자가 평정기간 동안의 업무실적 등에 대해서 평가하지 않고 기억나는 최근의 피평정자의 실적과 행태에 대해 평가함으로써 발생하는 오류를 말한다. 따라서 평정 시기에 임박해서 열심히 일하여 이미지를 좋게 하면 높은 평정을 받게 되는 문제점이 현실에서 많이 나타난다. 근접행태의 강조에 의한 오류 내지는 근접오류라고도 한다.

(10) 유사성 및 대비오류

피평정자의 속성이나 다른 요소들이 평정자의 스타일과 유사하면 높은 평정을 하게 되는 것이 유사성 오류이며, 실제 피평정자의 속성과는 반대로 평정하는 경향의 오류를 대비오류라고 한다.

(11) 역산제 평가

역산제 평가는 먼저 평가등급을 정해 놓고 등급에 맞는 점수를 부여하는 것을 말한다. 이는 평가자체로부터 오는 업무 부담을 덜고 신속하게 평가하려는 평가자의 실책이다.

6. 근무성적평정제도의 운영

(1) 근무성적 평정절차

① 근무성적평정 계획수립
    ㉠ 평정대상 집단의 범위 확정
    ㉡ 평정자의 선정과 훈련: 평정자의 선정, 평정실시에 다른 평정자 교육
    ㉢ 평정요소의 선정과 내용 결정
      ㉮ 평정요소
      ㉯ 평정요소의 내용과 수
      ㉰ 평정요소의 비중
      ㉱ 평정요소 등급의 수
      ㉲ 평정요소의 배열순서
② 근무성적평정 실시
③ 근무성적평정 결과의 분석 및 조정
    ㉠ 평정결과 분석
    ㉡ 평정결과의 조정: 조정자, 조정범위 및 방법
④ 근무성적평정 결과의 공개 및 소청: 도표식 평정제도와 다면화평가를 활용하고 있는 우리나라는 도표식평정법에 의한 평정결과는 비공개를 원칙으로 하므로 소청이 현실적으로 어려우며, 개인이 요구할 시는 공개하도록 되어 있다.

(2) 우리나라의 평정제도 및 운영

① 근무성적평정
    ㉠ 대상: 1~9급 일반직 공무원, 연구직과 지도직 및 기능직 공무원 전원

ⓛ 내용 및 시기

㉮ 5급 이하: 근무실적(실적의 질, 실적의 양, 적시성, 업무개선도)은 60%, 직무수행 능력(정보화능력, 업무숙지도, 판단력, 기획력, 업무추진력) 30%, 직무수행태도 10%로 구성되어 있다(정기평정은 매년 6월 30일과 12월 31일 연 2회 실시, 수시평정은 조정이 필요시).

㉯ 4급 이상: 4급 이상 공무원 및 연구관, 지도관은 5급 이하의 평정제도와 같이 도표식 평정표가 없으며, 평정대상기간 동안 직무의 중요도·난이도 등을 고려하여 MBO(목표관리제)를 활용한 목표달성도를 기준으로 한 평정점을 근무성적평정으로 한다(매년 12월 31일, 연 1회 실시). 최근 목표관리제는 직무성과계약제로 발전되었다.

ⓒ 절차

㉮ 5급 이하: 업무추진실적 작성 → 평정 → 평정단위별 서열명부 작성 → 평정표 작성 → 평정결과의 활용

㉯ 4급 이상: 목표설정 → 목표내용평가 → 목표달성도 평정 → 평정결과 활용

ⓔ 운영: 우리나라 공무원의 근무성적평정 결과확인은 기관별로 자신의 평정결과를 일정 기간 열람하도록 운영되고 있다. 따라서 결과에 대한 소청도 가능하다. 현재 군에서도 자신의 평정결과만 열람하도록 되어 있으며, 평정결과에 대해서는 이의를 제기하지 못한다.

② **경력평정**

㉠ 개념: 경력이란 직무상의 경험과 근무연한을 말한다.

ⓛ 대상: 경력평정은 승진 시에 적용되는데, 5급으로 승진 시 승진소요 최저연수 도달한 5급 이하의 공무원을 대상으로 실시한다.

ⓒ 평정자의 구성: 평정자는 소속기관 인사담당관이며, 확인자는 4급 이상 공무원 또는 연구 및 지도관이 기관의 장으로 되어 있는 경우 기관장이 행한다.

ⓔ 경력구분: 갑, 을, 병, 정(기타 박사학위 소지자, 자격증 소지자, 정

부투자기관 및 민간기업 경력으로 구분)

    ⓜ 방법: 총 30점을 만점으로 하며, 평정대상 기간은 5급은 평정기준
일로부터 14년, 6급은 12년, 7급 이하는 10년 이내로 하고 있다.

③ 훈련성적평정: 교육훈련기관의 성적을 평정하는 것으로서 기본교육 훈
련성적, 공통전문교육 훈련성적, 선택전문교육 훈련성적으로 나눈다.

④ 가점평정: 공무원 평정에서 자격증 소지, 특수지 근무경력, 탁월한 근
무실적 등에 대해 점수로 환산하여 가점을 주는 인사관리제도로서 사
기증진 및 근무의욕을 높일 수 있다.

(3) 우리나라의 평정제도의 문제점

① 평정과정에서의 여러 가지 문제 발생: 역산제적 평정과 평정등급의 기준
(개인평가의 등급결과)이 불명확하다.

② 평정제도는 능력발전 등 합리적·객관적 인사관리를 추구하기 위한
제도이나 간접적으로 업무나 공무원 개인의 업무행태를 통제하는 수
단으로 전락되고 있다.

③ 일반적으로 평정자나 종합평정위원들이 평정대상에 대해 자세히 알지
못하기 때문에 적실적인 평정이 아닌 형식적인 평정이 되기 쉽다.

④ 평정요소의 구체성과 적실성, 그리고 논리성이 부족하다.

⑤ 대인관계나 정실요소가 작용하는 경우가 많으며, 연공서열을 중심으
로 평정을 실시한다.

⑥ 개개인의 평정은 가능하나 조직의 실적과 능력을 비교할 수 있는 평
정제도는 전무하다(현재 성과급 지급을 위한 부처·부서별 비교평가
만 시행).

04 승진

1. 의의

(1) 개념

승진이란 직위분류제에서는 하위직급에서 상위직급으로, 계급제에서는 하위계급에서 상위계급으로의 수직적으로 올라가는 것을 말한다. 전직·전보는 수평적 이동이며, 승급은 보수의 증가만이 있을 뿐 승진과는 다르다.

(2) 중요성

승진을 통해 공무원의 능력을 발전시키고 사기를 높일 수 있으며, 유능한 공무원을 장기적으로 재직시킬 수 있는 제도적 장치이다. 오늘날 현실적으로 공무원의 사기증진을 위한 방안은 합리적인 보수체계와 승진만이 가능하다. 특히 승진은 직업에 대한 자부심을 높여 조직에 충성하는 가장 주요한 요인이다. 따라서 공공부문(특히 군조직)에서의 합리적 승진제도 개선에 많은 노력을 기울여 왔으나 아직도 여러 가지 문제점이 노정되고 있다.

2. 승진의 범위

(1) 승진의 한계성

① 장점: ㉠ 행정의 전문성 및 능률성 확보 ㉡ 직업공무원제 확립에 기여
② 단점: ㉠ 관료주의화 및 특권집단화 초래로 민주통제 약화 ㉡ 무능한
　　공직자 양성 ㉢ 형식주의 및 관료제의 여러 가지 병리현상 발생 가능

성이 높음.

③ 계급제의 국가: 영국·일본·프랑스·독일 등의 계급제를 채택하고 있는 국가에서는 직업공무원들이 일반적으로 차관급까지 승진이 가능한 것으로 승진한계가 매우 높은 편이다.

④ 직위분류제 국가: 미국·호주 등 직위분류제를 적용하고 있는 나라에서는 승진의 한계가 매우 낮은 것으로 되어 있다.

⑤ 우리나라의 승진한계는 2급(이사관) 내지 3급(부이사관)으로 적용하고 있다. 현실적으로 정무직과 특수 직위를 제외하고는 조직발전과 공무원의 사기증진을 위해서 승진의 한계를 두지 않는 것이 바람직하다고 생각한다.

(2) 폐쇄형 승진제도와 개방형 승진제도

① 개념: 폐쇄형 승진제도란 승진 경쟁 및 심사 시 승진대상을 동일 부처 내의 공무원으로 한정하는 것을 말하며, 부처의 경계를 두지 않고 다른 부처 대상자를 함께 경쟁시키는 승진제도를 개방형이라 한다.

② 폐쇄형 승진제도(비교류형)
  ㉠ 장점: ㉮ 부처의 특수성 및 기관장의 인사권한 존중 ㉯ 부처 내의 공무원의 협동심 유지 및 사기증진 ㉰ 승진서열 및 기득권의 보호로 조직의 안정성에 기여
  ㉡ 단점: ㉮ 조직의 폐쇄성향의 고착과 인사관리의 비융통성 초래 ㉯ 부처 간 공무원의 비교류로 질적인 불균형 발생 ㉰ 부처 할거주의 초래 가능성이 높음 ㉱ 정실주의 작용 소지가 짙음 ㉲ 중앙인사기관의 집권성 강화 ㉳ 공무원의 경력발전에 저해

③ 개방형 승진제도(교류형)
  ㉠ 장점: ㉮ 부처 간 공무원의 질적인 균형유지 가능 ㉯ 부처 할거주의 해소 및 협조 증진가능, ㉰ 공무원의 경력발전 도모
  ㉡ 단점: ㉮ 부처의 특수성 유지 곤란 ㉯ 기관장의 인사권한 약화 및

리더십의 문제 발생 ㉣ 승진서열과 관련하여 기득권을 가지고 있는 공무원의 반발 등 조직과 개인의 사기저하 ㉤ 협동능력의 저하
④ 우리나라는 원칙적으로 승진대상의 경쟁범위를 부처 내로 한정하고 있는 폐쇄형을 채택하고 있다.

3. 승진의 기준

승진의 기준은 일반적으로 경력과 근무성적평정, 교육성적, 개인 업무행태, 특성 등 다양한 요소들로 이루어져 있으며, 이 밖에 많은 주관적인 요소들이 작용하고 있다.

(1) 경력(career)

① 개념: 근무연수, 학력, 교육훈련 실적, 상벌, 직무의 경험 등 객관적인 내용을 말하며, 이를 승진심사 자료로 활용한다.
② 장·단점: 객관성 확보, 직업공무원제 확립과 행정의 안정성에 기여하는 장점이 있지만 행정의 질의 저하와 관료주의화를 초래할 수 있으며, 기관장의 인사권한의 제한으로 리더십의 한계가 나타날 수 있다.
③ 경력평정의 원칙(승진을 위한 평정의 관점 및 기준)
  ㉠ 근시성의 원칙: 오래된 과거보다는 최근의 경력을 중심으로 평가하는 것이다.
  ㉡ 습숙성의 원칙: 업무의 숙련도가 높은 상위 직급의 경력을 위주로 평가해야 한다는 것이다.
  ㉢ 친근성의 원칙: 승진 당시 직책의 업무와 관련된 과거의 경력에 좀 더 중심을 둔 평가의 원칙을 말한다.
  ㉣ 발전성의 원칙: 개인의 학력, 교육훈련 여부 등을 고려하여 장래 발전 가능성을 평가하여 승진을 고려한다는 것이다.

(2) 실적

① 개념: 승진시험성적, 근무성적평정, 승진심사위원회의 결정, 인사권자의 주관적 판단 등으로 결정된다.
② 장·단점: 승진시험성적은 객관성의 장점과 개인의 업무행태 및 특성이 반영되지 않거나 기관장의 영향력이 미치지 못하는 단점을 가지고 있으며, 위원회의 결정과 인사권자의 판단 등은 주관적임으로 정실이 작용할 소지가 높은 단점과 개인의 능력과 특성을 구분해주는 장점이 있다.

(3) 승진의 일반원칙

① 승진심사 시에 경력과 실적의 양자를 모두 고려하는 제도를 운영하고 있으나, 실적을 우선으로 고려하는 것이 조직의 결속력 증진과 행정개혁 차원에서는 도움이 된다.
② 하위직일수록 경력을 우선으로 하고 고위직은 실적을 중요시 하고 있다.
③ 현실적인 문제는 인간집단이므로 정실의 개입이 많이 작용하고 있으므로 조직의 결속력과 사기증진을 위해 경력과 실적의 적절한 조화로 양자의 단점을 보완하기 위한 제도적 노력을 끊임없이 추구하고 있는 실정이다(다면평가제도의 강화).

4. 우리나라의 승진제도와 운영

(1) 승진의 종류

① 일반승진: 승진임용 시 임용권자는 인사담당자가 점수순위에 따라 작성한 승진후보자명단을 보고 순위에 의거하여 승진자를 결정하는 제도로서 가장 일반적인 승진제도 중의 하나이다.
② 공개경쟁승진: 6급에서 5급 승진을 위해 공개경쟁시험을 거치고 승진

심사위원회를 통과하여 승진 임용되는 것이다.

③ 특별승진: 공무원으로서 높은 공적을 인정받은 경우에 승진할 수 있는 제도로서 그 예를 들면 ㉠ 청백리상 수상자 ㉡ 탁월한 직무수행으로 행정발전에 기여한 자 ㉢ 제안 등으로 행정운영개선에 영향을 끼친 자 등으로 규정하고 있다.

④ 기타 일반적으로 6급에서 5급으로의 승진시험을 거치는 것이 일반적 이지만 필요하다고 인정할 때에는 대통령령이 정하는 바에 따라 승진 심사위원회의 심사를 거쳐 승인되면 임용할 수 있다.

(2) 승진적체 해소 방안

① 복수직급제도: 동일한 직위에 두 개의 직급의 배치가 가능한 제도를 말한다. 예를 들어 과장의 직무를 5급의 공무원으로 제한하지 않고 5 급과 4급의 공무원이 동시에 과장에 보임될 수 있도록 하여 상위직의 적체로 승진을 못하고 있는 4급 공무원의 보직 및 승진적체를 해소할 수 있다.

② 대우공무원제도: 일반직 및 기능직 공무원 중 당해 계급에서 승진 최저 근무연수를 채우고 제한사유가 없는 데도 승진을 못한 공무원에 대해 서 상위 계급의 대우를 해주는 제도로서 임용권자 또는 임용제청권자 가 선발 임용할 수 있다(예로 6급 주사를 5급대우 공무원으로 임용하 고 수당을 지급).

③ 필수실무요원제도: 5급 대우공무원으로서 승진을 포기하고 실무능력이 우수하여 소속 기관에 직무상 필요하다고 인정한 자를 소속 장관이 행정자치부장관에게 추천하면 행자부장관은 이들을 필수실무요원으로 지정하고 수당을 지급하는 제도이다.

④ 명예퇴직제도: 국가공무원 제74조 제2항에 의거 공무원으로서 20년 이 상 근무하고 정년 전에 자발적으로 퇴직하는 것을 말하며, 명예퇴직 수당을 지급하도록 되어 있다(수당 계산방법: 만약 정년을 기준으로 8

년이 남았다면 5년까지는 퇴직 당시 보수월액의 50%와 나머지 3년은
보수월액의 25%를 합산한 금액이 명예퇴직 수당액이다).

피터(Peter)의 원리

1. 개념
　"관료적 위계 서열조직인 계층제 안에서는 모든 구성원들이 자신의 무능의 수준까지 승진한다."는 원칙
이다. 즉 관료제는 경력을 중시하여 직원을 승진시키기 때문에 무능한 자가 능력 이상의 자리를 맡게 되어
비효율성을 초래하게 된다는 원리이다.

2. 배경
　피터의 원리는 1969년 피터(Laurance J. Peter)와 그의 동료 헐(Raymond Hull)이 「피터의 원리」
(The Peter Principle) 라는 책에서 발표하였다.

3. 내용
　① 1957년에 발표된 파킨슨의 법칙을 기초로 하여 수백 개의 역사적 사례들을 과학적으로 분석한 결
　　과 서열과 등급 혹은 계급으로 짜인 계층제 조직에서는 그 구성원을 무능의 수준까지 승진시키기 때
　　문에 오류가 발생한다고 주장했다. 따라서 모든 구성원들이 한 단계 강등되어 그의 능력의 수준에서
　　일을 하게 되면 더 큰 효율성이 달성될 수 있다는 것이다(강등의 원칙).
　② 왜냐하면, 업무는 아직 무능의 수준에 이르지 않은 구성원들에 의해 제대로 성취되기 때문이다. 예
　　로, 현재 직급이 국장이라는 것은 과장으로서의 능력이 최대한 인정되어 승진한 직급이며, 그는 국장
　　으로서는 가장 무능하지만, 과장으로서는 가장 유능한 사람이기 때문이라는 것이다.
　③ 결국 피터의 원리는 관료제조직의 구성원들이 승진에 성공한 후 더 높은 능력의 수준까지 승진하다
　　가 더 이상 승진할 수 없는 무능의 수준에 이르게 된다는 것이 요지이다. 그래서 피터는 '결국 관료
　　제조직의 모든 직위는 그 직무를 수행하기에 무능한 사람들로 채워지는 경향이 있다.'고 결론짓고 관
　　료제조직의 직업적 무능(occupational incompetence)을 설명하려는 하나의 시도였다.
　④ 피터와 헐은 정부조직, 정치조직, 산업조직, 노동조합, 군대조직, 종교조직, 교육조직 등 인간이 만든
　　어떠한 조직체든지 피터의 원리가 지배한다고 확신하였다.
　⑤ 피터의 원리는 파킨슨 법칙 등과 함께 관료제의 병리현상을 지적한 유명한 연구이다. 관료제조직 안
　　에서는 승진이 실력에 의존하기도 하지만, 연공서열에 의존하는 경향도 강해서 조직전체의 효율적인
　　업무수행을 방해하는 하나의 측면을 설명했다.

4. 평가
　관료제조직의 현상유지에 기여하는 제도적인 가치표준들을 효율적인 업무수행보다 더 중요하게 생각한다.
그러므로 무능력자의 승진이 사라지면 진정한 관료제의 효율성은 확보될 수 있는 것이다. 피터의 원리처럼
관료제조직의 모든 구성원들의 직급이 한 단계 강등되어 그의 능력의 수준에서 일을 하게 되면 더 큰 효
율성이 달성될 수 있고 이상적 조직이 될 것이라는 주장이 설득력을 갖는다. 그러나 그의 주장대로라면 각
직위에 적합한 관리자들이 모두 관료제조직 밖에서 공급되어야 한다는 결론에 이르게 되는데, 이는 관료제
조직 안에서 여러 가지 교육훈련과 경험을 통해서 승진한 사람들을 지나치게 과소평가하는 문제점을 지닐
수 있다.

04 공무원의 사기증진

01 사기

1. 의의

(1) 개념

사기(moral)란 조직목표의 달성을 위한 조직구성원의 자발적·적극적인 근무의욕으로서 주로 무형적인 것을 말한다. 즉 사기는 구성원 개인의 사기뿐만 아니라 조직 전체의 정신력과 같은 보이지 않는 힘으로 말할 수 있다.

(2) 특성

① 개인적 특성: 사기는 직무와 작업(근무)환경에 대한 개인의 주관적인 내면의 인식상태로서 개인적 특성을 가지고 있다.

② 집단적 특성: 사기는 조직구성원이 조직목표를 달성하기 위하여 상호 협동하는 정신자세로서 조직과 연관되었을 때만 의미가 있기 때문에 집단적인 특성이 있다.

③ 사회적 특성: 사기는 긍정적인 측면만을 다루어야 한다는 전제가 있어야 한다. 즉 사기가 사회적 가치 추구나 바람직한 방향으로의 역할로 작용하였을 때, 비로소 존재의미가 있기 때문에 이러한 측면에서 사

회적 특성을 가지고 있다.

④ 관리적 특성: 조직구성원의 사기를 잘 관리하느냐는 조직의 리더십과 밀접한 관계를 가지고 있다.

⑤ 인간욕구적 특성: 조직구성원은 조직생활에서 사기를 중요시한다. 조직 인간으로서의 기본욕구 충족은 조직으로부터 오는 정신적인 만족과 자부심으로부터 기인하므로 사기는 인간욕구와 관련이 깊다.

⑥ 조직적 · 시대적 특성: 사기는 조직이 가지고 있는 체제적 특성 또는 시대에 따라 사기의 성격도 변모해왔다. 사회주의와 다원적 민주사회의 조직에서의 사기의 특성이 다를 수 있으며, 시대적 측면에서 전통적 조직이론(고전적 조직이론과 신고전적 조직이론)에서는 주로 경제적 요인 또는 외재적 요인을 중시해 왔으나, 현대 조직이론에서는 조직과 개인의 목표의 조화를 통한 자아실현관 또는 복잡인관으로 변모해왔다.

(3) 효용성

① 조직의 목표달성에 기여
② 조직에 대한 충성심 유도
③ 조직 목표의 가치 인정과 조직문화에의 동화
④ 규범과 명령 등에 대한 자발적 복종심 배양
⑤ 조직에 대한 긍지로 자발적이고 창의적 노력 경주
⑥ 개혁지향적 성향 등

2. 사기증진 방안

(1) 1차적 욕구 충족

생리적 · 안전욕구로서 경제적 요인을 말한다. 즉 보수 · 연금 · 직업보장을 통한 안정감과 휴가와 같은 신체적 욕구충족 등이 사기증진의 방안이 된다.

(2) 2차적 욕구 충족

사회적·존경·자아실현욕구로서 주로 사회심리적·정신적인 측면이 강조되고 있다. 조직에서의 타인으로부터의 존재가치의 인식과 귀속감 및 일체감, 개인능력발전 도모와 자아실현 충족 등이 사기증진의 방안이 된다.

(3) 우리나라의 사기증진 방안

보수 및 연금제도, 인사상담 및 고충처리제도, 제안제도, 공무원단체 인정 및 활성화, 신분보장, 정년제도 등이 있다.

3. 사기측정 방법

(1) 사기측정의 개념

사기측정은 사기조사라고도 하는데, 조직구성원의 사기실태와 조직의 사기에 관해 정보를 수집·분석하여 조직의 목표달성에 기여하도록 하기 위함과 좁은 의미로는 사기증진을 위한 자료수집이라 볼 수 있다.

(2) 사기측정의 방법

① 행태(태도)조사: 조직생활에서의 직무와 근무조건, 보수체계, 관리자의 관리방법, 대인관계, 직장 내에서의 개인적 불만과 만족감 등에 대한 주관적인 생각을 조사하는 것이다. 이에 대한 방법으로는 일상관찰, 면접과 질문서를 통한 조사, 그리고 개인의 선호도 검사인 사회측정법과 비공개 여론조사방식인 투사법 등이 있다.
② 근무관계기록법: 이 방법은 각종 근무에 관한 기록들을 통해 조직의 사기를 측정하는 방법이다. 그 분석대상은 생산고, 이직률, 출퇴근 현황, 사고율, 근무교대 및 근무 질서상태 등이 된다.

02 보수와 연금

1. 보수

(1) 의의

① 개념: 보수란 공무원이 근무에 대한 대가로 정부로부터 받는 금전적인 보상이다.

② 적정한 보수지급의 중요성: ㉠ 적정한 보수는 유능한 젊은 인재 확보에 절대적이며 ㉡ 공무원의 사기에 영향을 미치고, 능률성과 직결되는 문제이다. ㉢ 부정부패와 생산성의 저하를 방지할 수 있으며, 국민에 대한 봉사와 책임성도 강조할 수 있다.

(2) 공무원 보수의 특징

① 경직성과 비시장성: 사기업의 임금은 물가상승과 관련이 없고, 타 기업과의 비교나 경영실적과 노조의 임금교섭으로 시장성이 있으나 공무원의 보수의 증가는 곧바로 물가상승의 원인을 제공하고 국가재정능력과 직결되므로 경직성과 비시장성의 특징을 가지고 있다. 또한 공무원의 노조활동의 제약으로 인한 정부가 일방적으로 결정한 보수이며, 기업과는 달리 직무성과의 계량화가 불가능하므로 더욱 비시장성을 띠고 있다.

② 사회적·윤리적 성격: 사회적·윤리적 성격은 두 측면에서 설명이 가능한데, 첫 번째는 공무원의 직업은 국민에 대한 봉사성이 강조되므로 공무원의 보수가 상대적으로 사회에 비해 지나치게 높으면 사회적 지탄의 대상이 될 수도 있다는 측면과 두 번째는 정부가 공무원에 대한 최소한의 생계비를 지급해야 한다는 사회윤리적 책임의 성격을 지

니고 있다.

③ 직무급 설정의 어려움: 공공업무의 다양성은 직무평가에 따른 적정한 직무급의 수립이 용이하지 않은 특성이 있다.

④ 정치적 통제 대상: 공무원의 보수는 정부예산의 상당 부분을 차지하고 물가 상승의 요인이 되므로 국회의 예산통제를 받는 정치적 성격을 강하게 띠고 있다(민중통제, 국민의 통제).

(3) 보수결정의 원칙

① 대외적 형평성의 원칙: 유사한 민간기업의 직종의 보수와 비교하여 공무원의 보수결정에 형평성을 적용한다는 개념으로서 공직에 대한 선호도를 높이고 우수한 인재 확보를 가능하게 할 수 있다.

② 대내적 형평성의 원칙: 동일한 직무에 동일한 보수를 지급한다는 의미이다. 개인 직무가 난이도나 업무량이 천차만별로 달라 내부적 형평성이 문제시되고 있기 때문이다. 개선방안으로는 연봉제나 성과급제를 통해 보수의 합리화를 추구해야 한다.

③ 개인적 형평성의 원칙: 내부적 형평성보장은 개인의 근무연한 등에 따른 보수의 차이를 최대한 줄여주는 형평성을 유지해야 한다는 것이다.

(4) 일반적 수준의 보수결정요인

① 경제적 요인: 공무원 보수의 최고수준을 결정하는 데는 다음과 같은 변수를 고려해야 하고 영향도 받는다. ㉠ 정부의 지불능력(국가의 경제력을 말하며, 국민의 조세부담능력, 국민소득수준) ㉡ 민간기업의 임금수준과 비교 ㉢ 일반 물가 수준에 영향을 줌 ㉣ 경제정책(자원배분정책 측면 고려) 등이 있다.

② 사회·윤리적 요인: 정부는 공무원에게 생계비를 지급하여야 할 사회적·윤리적 의무를 가진 모범적 고용주로서 국민복지실현과 연관된다. 공무원의 일반적 생활수준은 사회와 비교하여 다음과 같은 요인

을 통해 결정된다. ㉠ 빈곤수준 ㉡ 최저생활수준 ㉢ 건강 및 품위유
지수준(특히 생계비라 함)㉣ 안락 수준 ㉤ 문화수준 등이다.

③ 정책적 요인: 보수를 근무에 대한 반대급부, 즉 일한 만큼 지급한다는
차원이 아닌 행정능률을 높이기 위하여 적정한 보수의 지급은 중요하
다고 인식하는 정책적인 차원의 수단으로 보는 것이다. 따라서 비선
호 직위나 직종에 대한 높은 보수의 책정과 근무시간 외 수단 지급
등은 이러한 정책적인 요인을 반영한 것이다.

④ 보수 외의 혜택: 현금 이외에 받는 공무원으로서의 신분보장과 근무시
간 및 조건, 연금, 휴가, 퇴직수당, 각종 교육훈련의 혜택, 기타 부수
입 등이 해당된다. 이러한 혜택은 사기업과 비교해 낮은 보수일지라
도 충분히 보수로서 인정되어야 한다는 것이다.

⑤ 직업적 요인: 공무원 조직은 사기업과 같이 물질적 목적을 위해 활동
하는 집단이 아니므로 국민에 대한 봉사자라는 직업자체로서의 만족
감과 자부심이 보수결정에 작용한다.

⑥ 차별화 요인: 공무원의 개인조건에 따라 보수액의 차이를 두는 경우로
서 근무조건 및 내용·근무연한·부양 가족수·학력·자격증 소지
여부 등을 들 수 있다.

(5) 보수 체계

① 기본급과 부과급: 기본급은 법정 근무시간을 적용한 모든 공무원에게
일률적으로 정해진 봉급이며, 부과급은 수당을 말하며, 기본급의 상향
조정의 제약에 따른 봉급보완의 수단으로서의 역할과 공무원 개인의
차에 따른 차별적 급여체계이다. 일반적으로 수당의 종류로서는 직무
수당(직무가급적 수당), 생활보조수당(생활보조급적 수당), 가족수당,
지역수당, 조정수당, 성과급수당, 초과 근무 수당 등이 있다.

② 기본급의 종류
　㉠ 생활급: 공무원의 생계비를 기준으로 한 보수로서 계급제를 채택하

고 있는 국가에서 적용하고 있다. 생활급의 주요 결정요인은 공무원의 연령, 부양 가족수, 교육비 등이 해당된다.

Ⓟ 직무급: 동일 직무에 동일 보수의 원칙을 적용하며, 직무의 곤란도와 책임도를 기준으로 결정한 것인데, 주로 직위분류제에 적용되는 보수체계이다.

Ⓠ 근속급: 연공급이라고도 하며, 공무원의 근속연수에 따라 봉급수준을 결정하는 것을 말한다.

Ⓡ 직능급: 능력급이라고도 하며, 공무원이 직무 수행에 요구되는 능력수준에 의해 결정한 것을 말한다.

Ⓢ 성과급: 엄밀히 말해서 기본급은 아니며, 수당적 성격이 강한 보수로서 전년도 업무실적에 따라 차별적으로 지급하는 급여이다.

(6) 보수결정 절차

① 보수범위의 설계: 직위분류제에서는 각 등급에 대한 보수범위를 설계하고 계급제에서는 등급 대신 계급을 사용한다. 동일 등급과 계급 내에서는 호봉을 사용해 연공의 차이를 두고 있다(Siegel의 분류: 직선형, 볼록형, 오목형, 혼합포물선형).

② 민간기업 보수수준 조사: 공무원의 보수설계는 민간기업의 보수수준을 비교하여 결정하는 것이 바람직하다. 이는 대외적 형평성의 문제로서 공무원의 사기와 적극적 모집에 중요한 요소이다.

③ 부가적 요소 비교: 민간기업이 가지고 있는 부가적 요소를 조사하여 공무원의 이것과 비교하는 것이 필요하다.

④ 보수표 작성

⑩ 등급의 수: 등급은 보수표에서 공무원 간 보수액의 격차를 결정해 주는 요소이다. 등급의 수 결정은 매우 중요한 것인데, 세분화하면 직무의 수준에 따라 보수의 차이를 세분화 할 수 있는 장점이 있지만 등급 간 보수의 차도 적고 등급이 올라가면서 느끼는 승진의 기

쁨을 느낄 수 없게 된다.

ⓝ 등급의 폭: 동일 등급 내에서 보수의 최고와 최저와의 차이로서 등급 내에서의 격차는 근무연수로 결정하는 호봉을 말한다. 등급의 차 또는 폭은 계급제에서 널리 쓰이며, 직위분류제에서는 동일 등급이면 모두 같은 보수를 받는 단일보수액제도를 적용한다.

ⓒ 호봉 간의 격차: 호봉 간의 격차결정은 각 등급 내에서의 호봉 간의 금액 차를 말하며, 또한 이를 어떻게 결정할 것인가가 중요한 문제가 된다.

⑤ 기타 결정사항

㉠ 등급 간의 중첩: 등급 간의 중첩이란 하위 등급의 보수 최고액과 상위 등급 보수 최저액을 중첩시키는 것을 말한다. 목적은 하위 등급에 있는 공무원이 승진을 못할 경우에 보수를 통한 심리적 보상이 가능한 효용성이 있다. 계급제에서는 등급 수가 적으므로 중첩이 심하고, 직위분류제에서는 중첩이 약하다.

㉡ 수당: 기본급 외의 보수로서 기본급의 상향조정은 물가상승의 요인과 정치적 통제의 대상이 되므로 수당을 통해 공무원의 처우를 개선하고 있다. 계급제를 채택하고 있는 국가에서는 직무를 기준으로 보수를 결정하지 않고 수당을 통해 보수지급을 증가시키지 않으며 공무원의 능력과 자격 그리고 개인여건에 따라 차별된 수당을 지급하고 있다.

(7) 보수곡선

등급에 따라 보수액을 도표상에 표시했을 때 그려지는 곡선을 말하는데, J형태의 곡선을 형성하는 것이 바람직하다고 보는 견해가 많다. 즉 J곡선의 형태는 하위직 간의 보수격차는 적지만 고위직으로 올라 갈수록 보수의 격차가 크게 나타나는 결과의 곡선이다. 이 형태의 보수체계는 상위직으로의 승진을 유도함으로써 조직의 생산성과 효율성을 추구하는 유인체계로 작용하기 때문이다.

(8) 우리나라 공무원 보수제도 현황

① 제도 현황

　㉠ 보수체계의 문제점

　　㉮ 보수수준이 매우 낮으며, 기본급이 높아야 보너스의 혜택과 연금
　　　 적용에 유리하나 수당 중심으로 보수가 형성되어 있다는 점이 가
　　　 장 취약하다. 따라서 현재 우리나라의 보수체계는 생계유지 정도
　　　 의 수준에 불과하다.

　　㉯ 직무의 난이도나 전문성과 같은 직위분류제를 기초로 한 직무급
　　　 수립이 정착되지 않아 우수 전문인력의 확보에 문제점이 있다.

　　㉰ 직종과 직급, 호봉 등에 따라 일률적으로 보수를 책정하였기 때
　　　 문에 경쟁성과 생산성 증진을 기대하기 어렵다.

　　㉱ 수당의 책정 기준도 직종별 특성을 고려하였기 때문에 전체적인
　　　 보수체계 측면에서는 합리성이 결여되어 있다고 지적된다.

　㉡ 연봉제와 성과상여금제의 도입: 위와 같은 문제점은 다 해결할 수 없
　　 지만 1999년 출범한 중앙인사위원회는 공무원들의 업무의 능률성
　　 과 국제경쟁력 확보를 위해 연봉제는 3급 이상의 실·국장급 공무
　　 원(계약직 포함)에, 1∼3급 공무원(계약직 포함)에게는 성과성 연봉
　　 제를 적용하였다. 성과상여금제는 4급 이하의 전 공무원에 대해 전
　　 년도의 근무실적을 비교 평가하여 기본급(일명 본봉)의 일정비율을
　　 예산범위 내에서 지급하고 있다.

② 개선방안

　㉠ 대외적 균형의 원칙(민간준거원칙)을 중시한 보수체계의 재정립

　㉡ 전문성을 바탕으로 한 직무급 체계의 확립

　㉢ 중앙인사위원회의 보수체계연구 노력과 행정수반 및 입법부의 이해
　　 강구

② 성과급 제도의 확산 및 활성화
⑩ 국민생활 기준에 따른 합리적 적정수준의 지급과 부정부패 엄벌 및 공무원의 윤리 강조

2. 연금

(1) 의의

① 개념: 연금이란 공무원이 20년 이상 근무한 후 퇴직하는 경우와 질병·부상·사망 등으로 퇴직할 경우 정부가 본인 또는 유족에게 지급하는 금전적 보상을 말한다. 일반적으로 연금이라 하면 20년 이상 근무한 자에 대한 급여로 퇴직연금을 말하며, 사망 등으로 인해 발생한 퇴직의 경우는 유족들에게 지급되는 유족연금이 있다.

② 학자의 주장

㉠ 거치보상설: 보수후불설 또는 통설이라 하며, 재직 중에 50%는 본인이 지불(일명 기여금이라 함)하여 적립한 것으로서 일정기간 거치시킨 것에 대한 보상의 개념으로서 연금을 설명할 수 있다는 것이다. 우리나라의 경우 나머지 반은 국가가 지불하고 하고 있다.

㉡ 은혜설: 공로보상설이라고도 하며, 재직기간의 공로에 대한 보상으로서 국가가 지불하는 성격을 가지고 있으므로 연금지급을 국가의 은혜로 보는 견해를 말한다.

㉢ 생활보장설: 고용주가 퇴직 후 연금을 지불하여 퇴직자의 생활을 보장해야 할 의무로서 해석하는 관점이다.

㉣ 위자료설: 공로보상의 측면이 가미된 의미로서 정상 퇴직 또는 사망 등으로 인해 지급되는 위자료의 성격을 가지고 있다는 것이다.

(2) 연금제도의 효용성

① 근무의욕 증진: 공무원은 퇴직 후의 신분불안을 안고 재직하는 특성을
가지고 있다. 그러므로 퇴직 후 생활안정을 위한 혜택으로 인해 재직
기간 중의 근무의욕 증진을 가져온다.
② 재직자의 사기증진: 퇴직자의 발생은 재직자의 승진기회확대 등 인력운
영의 원활화를 가져오기 때문에 조직운영의 효율성과 사기증진에 기
여한다.
③ 정부의 운영측면: 연금해당자는 근무연령상 고령에 해당하므로 생산성
의 저하가 나타나기 때문에 보수의 전액을 지급하기보다는 연금지급
이 경제적으로 합리적이다.

(3) 연금재원의 확보

① 기금제와 비기금제(재원조달방식에 의한 분류)
  ㉠ 기금제(적립식): 연금기금을 미리 조성하고, 이 기금을 통한 사업운
  용의 이자와 사업수익금으로 연금재원을 마련하여 지급하는 제도를
  말한다. 한국과 미국 등에서 적용하고 있다.
  ㉡ 비기금제(부과식): 기금제와 같이 사전 적립해 놓은 재원과 계획을
  통해 연금을 지급하는 것이 아니고 국가의 일반세입을 기초로 하여
  정부예산으로 연금을 지급하는 제도로서 부과제도 또는 현금지출제
  라고 하며, 영국과 프랑스에서 채택하고 있다.
② 기여제와 비기여제
  ㉠ 기여제: 정부(공무원연금관리공단)와 공무원이 공동으로 연금기금을
  조성하는 방식으로서 재직하면서 매월 보수액의 8.5%를 양자가 적
  립하는 방식으로 한국의 경우이다. 그러므로 연금의 반은 개인이
  기여금이라는 형식으로 매월 공제한 금액의 적립금이며, 정부나 지
  방자치단체가 지불하는 연금비용은 부담금이라고 한다.
  ㉡ 비기여제: 영국과 프랑스가 채택하고 있는 제도로서 정부가 전부

부담하는 것을 말한다. 일반 기업에서는 연금은 아니지만 고용주가 퇴직금의 전액을 지불하고 있다.

(4) 연금지급의 제한사항

① 20년 미만의 근무 시
② 고의 또는 중과실 등
③ 진단 불응 시
④ 형벌로 인한 퇴직 시(파면 이상의 징계로 인한 신분상실은 개인이 적립한 금액만을 받으며 연금혜택은 없음, 즉 퇴직금의 50%)

(5) 우리나라의 연금제도

① 연금재원의 조성방법: 기여제를 채택하고 있음.
② 연금법 적용대상: 국가 및 지방공무원, 교육공무원 등이 포함되며, 단 군인·선거직·임시직·조건부 공무원 등은 제외된다.
③ 연금급여의 종류(공무원연금관리공단, '공무원연금업무실무요령' 참조)
　㉠ 장기급여: 퇴직급여 4종, 퇴직수당 1종, 장해급여 2종, 유족급여 6종
　㉡ 단기급여: 공무상 요양비, 공무상 요양일시금, 재해부조금, 사망조위금
④ 연급급여 계산방식: 퇴직연금 = (보수월액 × 1 / 2)+{(보수월액) × (20년 초과연수 × 2 / 100)}

1. 고충처리제도

(1) 의의

① 개념: 고충처리란 공무원이 직장생활에서 발생된 여러 가지 애로사항을 건의하였을 때, 이를 심사하여 고충을 해결해주는 제도이다. 이 제도는 공무원의 사기증진을 위한 인간관계론에서 시작되었으며, 고충 건의대상은 모든 것을 다 포함할 수 있으며, 순순하게 직장과 관련된 근무조건·인사문제·개인 신상문제 등으로 제한된다. 따라서 개인적 욕구불만, 갈등, 기타 개인적 신상문제 등 직장 내외에서 발생한 모든 애로사항을 대상으로 하는 인사상담제도와는 구별된다. 즉 인사상담 제도는 기관의 인사담당자나 인사권자 또는 전문 상담자와 직·간접 면접을 통해 비밀리에 이루어지며, 각 기관장은 건의에 따른 적극적 해결노력을 경주하고 있다. 두 제도의 공통점은 단순히 인간관계론의 영향을 받아 대내 민주성 도모와 사기증진을 위한 제도이며, 건의자 에 대한 법적 책임을 지지 않는다는 것이다.

② 목적: ㉠ 사기앙양 ㉡ 공무원의 각종 불만과 갈등의 해소 ㉢ 조직에 대한 안정감 유지 ㉢ 조직에 대한 신뢰증진 ㉣ 대내 민주성 확보 ㉤ 넓은 의미에서는 신분보장을 통한 직업공무원제 확립에 기여할 수 있다.

(2) 고충처리의 종류

① 비공식적 방법: 소속 기관의 상관과 감독계층에 고충을 건의함으로써 내부에 의한 고충처리 방법을 말한다.

② 공식적 방법: 소속 기관의 상급자가 고충의 원인이거나 고충자가 내부

적으로 해결하기 어렵다고 판단한 경우에 고충처리기관에 공식적으로
건의하여 해결하는 방식이다. 고충처리기관은 해당 기관과 중앙고충
처리기관으로 구분된다.

(3) 고충처리기관의 운영

① 구분
  ㉠ 보통고충처리위원회: 각 부처 및 기관별로 구성되어 있으며, 처리대
     상은 6급 이하의 공무원이다.
  ㉡ 중앙고충처리위원회: 행정안전부 소속 기관인 소청심사위원회에서 고
     충에 대한 심사를 하며, 대상은 해당 기관에서 해결이 되지 않아 중
     앙으로 재심사를 의뢰한 6급 이하 공무원과 모든 5급 이상의 공무원
     이 된다.
② 내용: 고충처리위원회는 심사대상자의 고충해결을 위한 필요한 조치를
   적극적으로 강구하여야 하나 반드시 해결해 주어야 하는 법적 책임이
   없으며, 해당 기관에게 명령이나 해결과 시정요구를 촉구하는 것도
   아니다. 다만 해당기관에 통보하여 자발적인 시정만이 가능하다. 따라
   서 해당 기관을 구속할 수 있는 법적 구속력은 없다는 점에서 소청과
   는 다르다.

2. 소청심사제도

(1) 개념

소청심사제도는 공무원이 공무수행 또는 개인의 부작위로 인한 과오로
각종 징계 및 인사상의 불이익을 받았을 때, 지나치다고 판단되어 불복을
결심하고 소청 전문기관에 재심을 요구하는 제도로서 하나의 쟁송에 해당
된다. 반드시 소청을 한 후에만 사법부에 행정소송을 제기할 수 있는데, 소

청결과가 만족하지 않은 경우에는 결정 후 30일 이전에 법원에 소송을 제기하면 된다.

(2) 처리기관

행정안전부 소속기관인 소청심사위원회(상임위원 행정과)

(3) 소청심사기관의 내용

① 별도의 독립된 중앙인사기관은 아니며, 행정안전부에 소속되어 있는 소속기관으로 직무상으로만 독립된 합의제 기관이다.
② 준사법적 기능: 공무원의 징계처분이나 기타 소속 기관으로부터 받은 불이익에 대해 소청내용을 심사하고 재결정해 주는 기능을 하고 있다. 재결의 결과는 해당 기관의 결정을 취소시킬 수 있는 법적 구속력을 가지고 있다.
③ 구성: 위원장을 포함하여 5인 이상 7인 이내의 상임위원으로 구성하고, 필요한 만큼의 소수인원으로 비상임위원을 둘 수 있다. 상임위원의 임기는 3년으로 하되 1차에 한하여 연임될 수 있다.

04 제안제도

1. 의의

(1) 개념

제안제도란 공무원으로 하여금 직무수행을 통해서 각종 행정개선방안 등을 절차에 따라 건의하는 사기앙양의 한 방법이다.

(2) 효용성

대내 민주성 확보, 행정개선 도모, 하의상달

(3) 역사적 배경

① 인간관계론이 이론적 배경이 되었다.
② 1880년 스코틀랜드의 조선기술자인 W. Denny가 투서를 목적으로 시
작하여 종업원들의 의견을 경영에 반영시킨 것이 계기가 되었다.
③ 우리나라에서는 제안규정이 제정(1973년)됨으로써 시작되었다.

2. 제안대상

① 에너지 절약 등 예산과 경비절감의 방안
② 행정능률 향상 방안
③ 전반적인 행정관리개선 사항
④ 대민 관련 편의개선 사항
⑤ 기타 정책문제 등 그 범위는 매우 넓고 다양하며 창의적인 제안내용
을 대상으로 하고 있다. 제안신분은 주로 하위공무원의 제안에 역점
을 두고 운영되고 있다.

3. 제안의 종류

자유제안, 지정제안, 추천제안 등

4. 제안제도의 장·단점

(1) 장점

사기증진을 전제로 ① 행정업무 개선(능률성 확보)과 예산절약 ② 공무원의 창의력 및 직무의욕 고취 ③ 하의상달 촉진 ④ 참여의식·일체감·소속감 도모 ⑤ 대내 민주성 확보

(2) 단점

제안채택은 각종 특혜 및 보상이 주어지므로 ① 경쟁유발로 인한 갈등 초래 가능성 ② 가시적인 예산절감 및 기술적인 면에 집중 ③ 제안심사의 공정성과 객관성 시비 발생 ④ 친분관계 및 소속 감독자의 부하제안에 대한 영향력 발휘 가능성

05 공무원단체

1. 의의

공무원단체란 공무원의 노조의 역할을 담당하는 단체조합으로서 공무원의 권익보호 및 근로조건 개선 등을 목적으로 행정의 민주성을 달성하기 위함이다. 기업의 노조의 성격을 갖추었으나 그 활동과 내용은 많은 차이가 있다.

2. 공무원단체의 필요성

(1) 긍정적인 견해

① 공무원의 집단적 의사표시 수단 및 상부와의 대화채널 제공
② 공무원의 권익보호 및 사기증진(귀속감·일체감·참여감 등의 사회심리학적 욕구 충족)
③ 개선요구의 수용과 해결로 행정의 능률성 증진
④ 대내 민주성 확보
⑤ 단체활동을 통한 공직윤리 확립에 기여
⑥ 공무원의 복지 증진에 절대적 역할
⑦ 인사관리의 정실방지, 정치적 중립 확보

(2) 부정적인 견해

① 일반 노조와 같이 단체활동 시 정부활동 저해
② 공익달성과 국민의 대리인으로서의 공무원 단체활동의 제약성 문제
③ 인사관리문제에 단체의 개입은 인사관리의 재량성과 적극성을 저해(연공서열 및 경력중심의 인사관리만을 추구하게 됨)
④ 지나친 신분보장 추구
⑤ 노사구별의 기준 설정의 어려움(우리는 현재 6급 이하를 노로 구분하고 있지만, 광의로는 국민이 '사'이고, '노'는 모든 공무원이 된다는 설명이 가능하기 때문이다 – 주인과 대리인 관계)
⑥ 공무원 노조는 다른 나라에서와 같이 단체행동권이 인정되지 않으므로 완전한 노조단체로서의 기능을 발휘하지 못하고 있다.

3. 공무원단체의 3대 권한

(1) 단결권

공무원의 권익보호를 위해 공무원단체를 구성하고, 가입할 수 있는 기초적인 권리를 말한다.

(2) 단체교섭권

공무원의 권익보호 및 여러 가지 근로조건 개선 등 요구조건을 전달하기 위해 관리층과 단체적으로 협의·교섭할 수 있는 권리를 말한다.

(3) 단체행동권

단체교섭을 통해 단체의 활동 목적을 이루는 과정에서 관리자층과 인식과 의견의 차이로 해결되지 않았을 때, 단체가 태업, 파업 등 물리적 수단으로 실력을 행사할 수 있는 권한을 말한다. 단결권과 교섭권은 대부분의 나라에서 인정되고 있지만 단체행동권은 우리나라는 물론 대부분의 국가에서도 금지되고 있다.

(4) 우리나라 공무원단체의 현황

① 실정법에서의 명시
   ㉠ 헌법 제33조 1항 '근로자는 근로조건의 향상을 위하여 자주적인 단결권·단체교섭권·단체행동권을 가진다.'
   ㉡ 헌법 제33조 2항에서는 '공무원인 근로자는 법률로 정하는 자에 한하여 단결권·단체교섭권 및 단체행동권을 가진다.'라고 규정하고 있다. 그러므로 법률로 인정되지 않은 자는 세 권리를 가질 수 없다는 것이다.

ⓒ 국가공무원법 제66조에서는 '공무원은 노동운동 기타 공무 이외의 일을 위한 집단적 행위를 할 수 없다. 다만 국회규칙·대법원규칙 또는 대통령령으로 정하는 노무에 종사하는 공무원(체신, 철도, 국립의료원의 기능직 및 고용원)은 예외로 한다.'고 규정하고 있다.

② 현재 대통령령으로 인정되고 있는 공무원 노동조합은 ㉠ 정보통신공사 ㉡ 국립중앙의료원 ㉢ 교원노동조합 등으로 제한되어 있어 선진 국가와 비교해 볼 때 많이 미흡한 실정이다. 따라서 경찰, 소방, 교정공무원, 군무원, 치안담당공무원 등은 단체구성을 할 수 없게 되어 있다.

(5) 공무원 직장협의회

① 개념: 우리나라의 공무원조합은 공무원 직장협의회 설립운영에 관한 법률(1999년 1월 1일)에 의거 공무원 직장협의회를 두고 있다.

② 가입대상: ㉠ 6급 이하의 일반직 및 연구·특수 기술직렬의 일반직 공무원 ㉡ 특정직 공무원 중 6급 이하의 외무공무원 ㉢ 기능직·고용직 공무원 등이다. 그러나 6급 이하의 공무원이라도 지휘 및 감독의 직책에 있는 공무원과 인사·예산·경리·물품출납·비밀·보안·경비·비서·운전 등에 종사하는 공무원은 가입할 수 없다.

③ 협의사항: 기관장에 대해 단체는 ㉠ 근무환경개선 ㉡ 업무능률향상 ㉢ 공무와 관련된 일반적 고충에 관한 사항 등에 대해서 협의를 할 수 있다(협의대상 제외: 인사나 정책 관련).

06 **신분보장**

1. 의의

(1) 개념

신분보장이란 공무원이 개인 비리나 기타 법에 저촉되는 경우 외에 자기 의사에 반한 신분 및 인사상의 불이익의 처분을 당하지 않는다는 것을 말한다.

(2) 중요성

① 정치적 중립성 보장: 공무원이 법적인 신분보장이 이루어지면 인사행정과 정상의 정치적 외압과 정치적 변동에 의해 신분과 직업이 영향을 받지 않는다는 것을 의미한다.
② 직업공무원제의 확립에 기여: 정실인사 및 엽관주의적 폐해를 극복하고 실적주의에 입각한 직업공무원제 발전과 행정의 안정성·계속성을 유지할 수 있다.
③ 행정의 능률성과 민주성 확보: 공무원의 신분보장은 직업보장으로 안정감과 사기증진을 가져와 국민에 대한 능률적이고 적극적인 민주행정을 가능케 한다.

(3) 법적 보장내용

① 법적근거
　㉠ 헌법 제7조 2항: '공무원의 신분과 정치적 중립성은 법률이 정하는 바에 따라 보장된다.'
　㉡ 국가공무원법 제68조: '공무원은 형의 선고, 징계처분 또는 이 법에

정하는 사유에 의하지 아니하고는 그 의사에 반하여 휴직·강임·
면직을 당하지 아니한다(단 1급 공무원은 제외한다).'

(4) 문제점

① 관료제의 병리 발생: 공무원의 특권집단의식화 강화, 권위주의화, 무사
안일 등으로 민중(행정환경의 통제, 외부통제)통제의 어려움이 있다.
② 대내 결속력 저하: 승진의 한계에 도달한 하급 공무원이나 무능한 공무
원의 직무태만 등으로 조직의 안정성을 저하시킬 수 있다.
③ 인사권자의 무능화: 직무 및 개인상의 문제가 있는 공무원에 대해 처리
할 수 있는 인사권자의 권한을 발휘하기가 어려워 인사권의 무능화를
초래한다.

2. 신분보장의 제한

(1) 징계제도

① 개념: 공무원이 공적이든 사적이든 법률, 명령, 규칙 등의 위반에 대
한 처벌을 말한다. 이로 인해 공무원의 신분상의 변경이나 제약을 받
게 된다(국가공무원법 제78조, '징계사유'에 규정).
② 종류
　㉠ 경징계
　　㉮ 경고: 경고는 가장 경미한 징계로서 엄밀히 징계에는 속하지 않
지만 군조직에 널리 사용하고 있다. 경고는 징계위원회를 거치지
않고 인사권자의 권한으로 조치할 수 있는 간편한 제도이다(구두
및 서면 경고가 있으며, 서면 경고는 1년간 유효하다).
　　㉯ 견책: 공무원으로서의 부적절한 행위에 대해 훈계로서 반성을 촉
구하고 재발방지를 위한 조치이다. 결과는 인사기록부에 남아 여

러 인사상의 불이익을 받을 수 있다.

   ⓛ 중징계

     ㉮ 감봉: 보수의 3분의 1을 감하는 벌로서 기간은 1개월 이상 3개월 이내로 정하고 있다. 각종 호봉 승급 등 인사관리상의 불이익 처분을 받게 된다.

     ㉯ 정직: 보수의 3분의 2를 감하며, 기간은 3개월까지 직무권한을 정지시키는 징계이다. 정직 기간 동안 호봉승급 등 공무원 생활에 치명적인 영향을 준다. 일반적으로 정직과 감봉은 동시에 적용된다(정직 1월에 감봉1월, 정직 3월에 감봉 3월).

   ⓒ 강제퇴직

     ㉮ 해임: 공무원 신분을 박탈하는 것으로서 퇴직 후 3년간 공무원 임용을 제한 받게 된다. 퇴직금(일부 퇴직수당만 제한)과 연금제한은 받지 않는다.

     ㉯ 파면: 강제퇴직으로서 퇴직 후 5년간 공무원의 임용자격이 박탈된다. 퇴직금은 자신이 재직 중 적립한 기여금만 받게 되며, 연금대상에서 제외된다.

(2) 징계기관

① 중앙징계위원회: 국무총리실 소속으로 제1중앙징계위원회는 1급 공무원의 징계를 심의하고 의결하는 공무원의 최고징계기관이다. 제2중앙징계위원회는 2급에서 5급까지의 공무원과 지도관 및 연구관의 징계를 맡고 있다.

② 보통징계위원회: 각 부처(기관)별로 구성되어 있으며, 해당 소속기관 6급 이하의 공무원의 징계를 심의하고 의결한다.

(3) 직위해제 · 대기명령 · 직권면직

① 직위해제
　　㉠ 개념: 직위해제란 징계의 종류에 해당하지 않는 별도의 인사조치로 파면, 해임과 같은 공무원의 신분의 박탈은 아니며, 단지 직위를 부여하지 않는 보직해제이다. 따라서 인사권자의 강력한 인사조치 중의 하나에 해당한다.
　　㉡ 신분변동: 직위해제는 공무원의 적법하지 않은 행위에 대한 선조치이므로 기관에서는 일단 직위해제 조치 후 신분보장에 대한 결정을 하게 된다. 예를 들어 직무태만 등은 여러 가지 복잡한 과정과 시간을 거친 후 직위부여를 결정하며, 공무원법에 저촉되는 등의 경우에는 직위해제 후 징계위원회를 열어 계속 직위를 부여할 것인지 해임 또는 파면 등의 징계를 결정한다.
　　㉢ 직위해제 사유: 임용권자는 직위해제 사유에 해당하는 공무원에 대해 직위를 부여하지 않을 수 있다.<국가공무원법 제73조 2항>
② 대기명령: 직무수행능력 부족과 근무성적 불량 등의 사유로 직위해제의 명령을 받은 공무원에게는 3개월 이내에서 대기명령을 발한다. 이 기간 동안에는 규정에 입각하여 직무와 관련된 내용의 교육훈련과 과제를 부여하고 평가한 후 개선의 여지 등을 참작하여 인사권자가 판단하여 직위부여를 결정한다. 단 개선의 여지가 없거나 직위를 부여할 수 없다고 판단되는 경우에는 징계위원회를 열어 공무원의 신분을 박탈한다.
③ 직권면직: 대기명령을 받은 자가 개선의 여지 등이 없어 징계위원회에 회부되어 공무원의 신분을 박탈당한 경우를 말한다.

1. 직위해제사유(국가공무원법 제73조)
   (1) 직무수행능력이 부족하거나 근무성적이 극히 불량한 자
   (2) 파면·해임 또는 정직에 해당하는 징계의결이 요구 중인 자
   (3) 형사사건으로 기소된 자(약식명령이 청구된 자는 제외한다)
   (4) 고위공무원단에 속하는 일반직공무원으로서 제70조의2 제1항 제2호 및 제3호의 사유로 적격심사를
       요구받은 자(고위공무원단 실시로 추가)

2. 직권면직사유(제70조)
   (1) 직제와 정원의 개폐 또는 예산의 감소 등에 의하여 폐직 또는 과원이 되었을 때
   (2) 휴직기간의 만료 또는 휴직사유가 소멸된 후에도 직무에 복귀하지 아니하거나 직무를 감당할 수 없
       을 때
   (3) 제73조의3 제3항의 규정에 의하여 대기명령을 받은 자가 그 기간 중 능력 또는 근무성적의 향상을
       기대하기 어렵다고 인정된 때
   (4) 전직시험에서 3회 이상 불합격한 자로서 직무수행능력이 부족하다고 인정된 때
   (5) 징병검사·입영 또는 소집의 명령을 받고 정당한 이유 없이 이를 기피하거나 군복무를 위하여 휴직
       중에 있는 자가 재영 중 군무를 이탈하였을 때
   (6) 당해 직급에서 직무를 수행하는 데 필요한 자격증의 효력이 상실되거나 면허가 취소되어 담당 직무
       를 수행할 수 없게 된 때
   (7) 고위공무원단에 속하는 공무원이 제70조의2의 규정에 의한 적격심사 결과 부적격결정을 받은 때

(4) 전보와 권고사직

① 전보: 다른 직위로의 인사이동을 말하는데, 일반적으로 해당 공무원의 의사를 고려하지 않은 좌천의 의미로 많이 적용되고 있다.

② 권고사직: 여러 가지 부적절한 행위의 공무원에 대해 퇴직을 종용하는 것으로서 비공식적 강제퇴직으로 신분보장을 제한하고 있다. 그러나 긍정적인 면에서는 퇴직을 자원하지 않을 경우에는 징계 등으로 파면 또는 해임을 당하기 전 인사권자의 배려의 측면도 있다.

(5) 정년제도

① 개념: 일정한 연령에 달하는 공무원은 본인의 의사에 관계없이 퇴직을 시키는 제도이다.

② 정년제도의 목적: ㉠ 행정의 능률성의 증진 ㉡ 조직의 신진대사의 촉진 ㉢ 합리적인 인력운영계획 수립 및 시행 가능 ㉣ 퇴직에 대한 불

만해소 ⓜ 퇴직의 공정성·적정성의 확보 등이 있다.

③ 정년의 종류

   ⊙ 연령정년: 일정한 연령에 달하면 자동적으로 퇴직하는 제도로서 일반직 공무원의 경우 5급 이상은 만 60세, 6급 이하는 만 57세로 규정되어 있다(공안직 8급과 9급 공무원은 만 54세).

   ⓛ 계급정년: 동일 계급에서 일정 기간 경과 후 상위 직급으로 승진하지 못하는 경우에 자동 퇴직이 되는 경우로서 우리나라는 경찰 및 소방공무원에게만 적용되고 있다.

   ⓒ 근속정년: 임용 후 전체 일정한 근무연한(29년)이 지나면 자동적으로 퇴직하는 제도를 말한다(군 장교: 대령에서 준사관까지 적용).

(6) 명예퇴직제도

공무원으로서 20년 이상 근무하고 본인이 원할 경우의 퇴직제도로서 남은 정년까지의 기간을 예산의 범위 안에서 심사를 거쳐 명예퇴직 수당을 지급한다(재직기간 중에 징계를 받은 자는 제외). 만약 직제와 정원의 개폐 또는 정부예산의 감소 등에 의한 사유로 퇴직하는 경우에도 예산의 범위 안에서 수당을 지급한다.

(7) 감원

정부조직 개편으로 인한 공무원 수를 감축할 경우의 퇴직을 말한다.

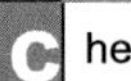

바람직한 퇴직관리 방안
1. 퇴직자 선정의 합리성: 연령정년에 따른 퇴직지양, 객관적 직무평가에 따른 퇴직자 선정
2. 공무원 전직프로그램 시행 및 현실적 전직지원체계 마련
3. 퇴직자의 재고용 기회 부여: 탄력근무 등의 고용방식으로 재고용(전문성 활용)
4. 공무원 연금제도의 신뢰와 안정화 추구

공무원의 윤리 및 규범

CHAPTER 05

01 공직윤리

1. 의의

(1) 공직윤리의 개념

공직윤리는 공무원으로서 마땅히 지켜야 할 도리이자 규범이며 공무원의 직업윤리를 말한다. 이는 주로 행정이념인 민주성과 관련이 깊으며, 이를 지키지 않았을 때는 사회적인 책임과 개인적인 책임이 따른다.

① 소극적 개념: 공무원으로서 부정부패의 방지 노력 등을 위한 최소한의 행동 규범으로서 국가공무원법이 정한 법적윤리를 말한다.

② 적극적 개념: 공익달성을 목표로 한 민주행정 및 책임행정의 구현을 위해 적극적인 노력을 말하는 것으로서 자율적인 공무원의 행동강령 등을 의미한다.

(2) 공직윤리의 대두

① 현대행정국가의 성립과 팽창: 시장실패 이후 행정은 질적·양적 확대와 더불어 권한의 강화로 민중통제가 약화되면서 행정책임과 윤리성이 강조되었다.

② 전문화·분업화의 심화: 전문화와 분업화는 할거주의, 자율성 증대 등

을 초래하여 그 중요성이 증대되었다.

③ 행정조직의 복잡성과 대규모성: 행정의 복잡성과 대규모성은 권위주의 특권 집단화 의식, 형식주의, 행정편의주의 등 여러 가지 관료제의 역기능이 나타나고 행정환경의 다양성과 빠른 변화는 행정의 대응성 증진을 위한 노력이 요구되었다.

④ 대내적 민주성 증진의 필요성 증대: 위와 같은 행정의 변화는 행정권력의 비대화와 행정우위의 현상의 심화로 행정환경의 통제를 약화시킴에 따라 내부적 민주성 확보와 자율적 윤리정립이 요구되었다.

2. 공무원의 행동규범

(1) 법적·강제적 규범

① 국가공무원법상의 의무

　㉠ 기본적 의무: 제56조 '성실의무'에 '모든 공무원은 법령을 준수하며 성실히 직무를 수행해야 한다.'고 규정하고 있다. 이 기본의무는 포괄적인 개념으로서 다른 의무를 규정짓는 역할을 한다.

　㉡ 직무상의 의무

　　㉮ 법령준수의무: 성실의무에 포함되는 의무이다.

　　㉯ 복종의무: 공무원은 직무를 수행함에 있어서 소속 상관의 직무상의 명령에 복종하여야 한다.<제57조>

　　㉰ 직장이탈금지의무: 공무원은 소속 상관의 허가 또는 정당한 이유 없이 직장을 이탈하지 못한다.<제58조 제1항>

　　㉱ 친절·공정의 의무: 공무원은 국민전체의 봉사자로서 친절·공정히 집무하여야 한다.<제59조>

　　㉲ 영리업무 및 겸직금지의무: 공무원은 공무 이외의 영리를 목적으로 하는 업무에 종사하지 못하며, 소속 기관장의 허가 없이 다른 직

무를 겸할 수 없다.<제64조 제1항>

ⓒ 신분상의 의무

  ㉮ 비밀엄수의 의무: 공무원은 재직 중은 물론 퇴직 후에도 직무상 지득한 비밀을 엄수하여야 한다.<제60조>

  ㉯ 청렴의 의무: 공무원은 직무와 관련하여 직접 또는 간접을 불문하고 사례·증여 또는 향응을 수수할 수 없다.<제61조 제1항>

  ㉰ 품위유지의 의무: 공무원은 직무의 내외를 불문하고 그 품위를 손상하는 행위를 하여서는 아니 된다.<제63조>

  ㉱ 영예·증여 등의 규제: 공무원이 외국정부로부터 영예 또는 증여를 받을 경우에는 대통령의 허가를 얻어야 한다.<제62조>

  ㉲ 정치운동의 금지: 공무원은 정당 기타 정치단체의 결성에 관여하거나 이에 가입할 수 없다.<제65조 제1항>

  ㉳ 집단행위의 금지의무: 공무원은 노동운동 기타 공무 이외의 일을 위한 집단적 행위를 하여서는 아니 된다. 다만 사실상 노무에 종사하는 공무원은 예외로 한다.<제66조>

② 공직자윤리법상의 의무

  ㉠ 재산등록 및 재산공개의 의무: 정부가 공무원의 재산을 등록·관리함으로써 재산의 증감의 변화를 알 수 있어 공직부패를 방지하는 데 그 목적이 있다(김영삼 정부부터 실시). 대통령, 국무총리, 국무위원 등 일반직 4급 이상(대령 이상)의 모든 공직자는 매년 1회 재산을 등록하도록 규정되어 있다(1급 상당의 공직자는 재산등록내용을 공개).

  ㉡ 선물신고의 의무: 공직자 또는 그 가족이 직무와 관련하여 외국정부(개인 및 단체포함)로부터 받은 선물은 신고해야 하는 의무를 말한다.

  ㉢ 퇴직공직자의 취업 제한: 재산등록 의무 대상자는 퇴직 전 3년 이내에 담당한 업무와 관련된 영리사업체에 퇴직 후 2년간 취업을 하지 않아야 하는 의무이다.

(2) 자율적 규범

① 공무원윤리헌장(공무원의 신조)
  ㉠ 국가: 헌신과 충성
  ㉡ 국민: 정직과 봉사
  ㉢ 직무: 창의와 책임
  ㉣ 직장: 경애와 신의
  ㉤ 생활: 청렴과 질서
② 청백리상의 제정: 자율적인 공직자상의 확립을 위하여 청렴결백한 공무
  원을 선정하여 청백리상을 수여하고 있다.
③ 취임 시 공무원의 복무선서 내용: ㉠ 법령·명령의 준수 ㉡ 정의의 실
  천 및 부정의 발본색원 ㉢ 정직·성실·창의적·능동적 직무수행 ㉣
  직무상 비밀엄수 등

(3) 공직윤리 확립의 저해요인

① 문화·가치관적 측면: ㉠ 권위주의 ㉡ 관존민비 사상 ㉢ 법규 만능적
  사고 ㉣ 파벌주의 ㉤ 출세지향적 사고 ㉥ 공직자 직업윤리 미정립
② 구조·제도적 측면: ㉠ 비합리적·형식적 내부통제 ㉡ 비합리적 인사
  관리 ㉢ 신분보장의 제약과 낮은 보수 ㉣ 내부적 비민주성 ㉤ 지나
  친 정부규제와 복잡한 행정운영절차 ㉥ 기타 자율성 불인정 등으로
  인한 직업적 자부심 부족
③ 행정환경적 측면: ㉠ 저급한 정치수준과 정치불안 ㉡ 정부활동에 대한
  무관심 ㉢ 민중통제의 약화 ㉣ 국가주도적 발전의 결과와 영향 ㉤
  제도적 외부통제장치의 미흡 ㉥ 정경유착 등 부정부패 만연에 대한
  국민의 적응 등

(4) 공직윤리의 확립방안

① 관료의식: ㉠ 공직자의 직업관 의식정립 ㉡ 민주적 행태변화(가치관, 이념, 사고방식 등) ㉢ 지속적인 교육훈련 ㉣ 관리자층의 모범적인 생활태도 ㉤ 공직자에 대한 사회적 재평가와 홍보 지속
② 제도보완: ㉠ 직업공무원제도의 강화 ㉡ 강력한 신분보장 ㉢ 대표적 관료제의 확립 ㉣ 사정 및 내부통제의 강화 ㉤ 건전한 공직풍토의 조성 ㉥ 불필요한 행정기능의 축소 ㉦ 과도한 정부규제 완화와 행정절차의 간소화 ㉧ 근무여건의 개선 ㉨ 시민참여의 확대
③ 사기증진: ㉠ 보수의 사회적 현실화 ㉡ 공정하고 합리적인 인사관리 ㉢ 개인 능력발전 지원 ㉣ 대내 민주성 증진 ㉤ 적절한 재량권 부여
④ 정치발전과 행정발전의 조화의 중요성 인식 확산
⑤ 국가발전전략 단계에서의 민간부문과 공공부문과의 협력적 관계 구축

3. 공무원의 충성

(1) 개념

공무원의 충성이란 공무원이 헌법상의 민주적 기본질서와 국가적 이념을 수호하기 위해 노력하고 헌신하는 것을 말한다. 충성의 의무는 공무원이 국가의 정치이념을 신봉해야 한다고 해서 정치적 중립을 부정하는 것은 아니다. 오히려 정치적 중립을 지키는 것은 공무원으로서 국가와 조직에 충성하는 것이므로 정치적 중립과는 조화를 이루는 개념이다.

(2) 충성심사

① 개념: 충성심사는 공무원으로 임용되어 헌법상의 민주질서와 공직자로서 국가에 충성할 수 있는 자격여부를 심사하는 것으로서 일명 신원

조회라고 한다.

② 대상: 전 공무원을 대상으로 하며, 최초 임용 시 또는 승진 등으로 인한 신분상의 변화가 발생했을 때 실시한다.

③ 심사 및 내용: 임용예정자가 신원진술서를 제출하면 임용권자 또는 제청권자가 수사기관에 보내 형 집행사실이나 기타 국내외 이적행위 등에 대한 내용을 확인한다.

(3) 우리나라의 문제점 및 개선방향

① 문제점: 개인의 인권보다 국가안보 및 이익에 초점을 맞추고 있으며, 연좌제 폐지에도 불구하고 묵시적으로 적용하고 있다. 따라서 유능한 인재가 등용되지 못할 수도 있다.

② 개선방향: 개인의 기본권과 국가이익의 조화와 실질적인 연좌제 폐지법이 적용되어야 하며, 심사절차의 합리성과 공개도 고려해 보아야 한다. 또한 지나친 심사기준적용으로 유능한 인재의 등용에 제약을 주어서는 안 된다.

02 공무원의 정치적 중립

1. 개념

공무원의 정치적 중립의 개념은 정치로부터 자유롭다, 중간에 위치한다의 의미. ① 공무원이 직무수행과 인사측면에서 정치적 영향(정실)이나 외압을 받지 않는 것 ② 정권교체로 인한 신분상의 제약을 받지 않고 ③ 행정의 최고 목적은 공익달성이 우선이며, 특정 정당을 이롭게 하는 정책을 실시하지 않고 당파성을 배제한 국민의 봉사자로서의 책임이행과 ④ 정당에 가입

해서도 안 되며, 특정 정치인을 정치적으로 지지해서도 안 되는 것을 모두
포함한다＜헌법 제6조, 국가공무원법 제65조＞.

2. 필요성

① 공익달성: 공무원이 행정과정에서 특정 정당정책에 부합된 정책을 입
안, 추진은 정치적 중립과 역행하는 것이며 대다수 국민의 이익증진
을 기할 수가 없게 된다. 따라서 정치적 중립을 통해 국민에 대한 봉
사자로서 공익달성 추구를 위해 필요하다.
② 행정의 안정성·계속성의 유지: 정권교체에도 공무원의 신분보장이 이
루어지므로 행정의 안정성·계속성을 유지할 수 있다.
③ 정치의 외압과 영향 배제: 정치의 외압배제로 행정부패 방지와 행정의
능률성·전문성의 확보가 필요하다. 이는 행정의 자율성 보장으로 국
민에 대한 민주행정도모와 국민의 신뢰를 받게 된다.
④ 균형적 체제발전: 공무원의 정치적 미중립은 정치의 개입을 초래하여
정치와 행정의 균형적 발전을 저해한다(정치발전과 행정발전 균형발
전의 필요성).
⑤ 직업공무원제의 확립: 공무원의 정치적 중립은 신분보장과 함께 직업공
무원제 발전을 위해 필요하다.

3. 정치적 중립보장의 문제점

① 정당정치 발달 저해: 지나친 정치적 중립은 실적주의와 더불어 정당의
선거공약과 정책추진을 통해 국민에게 신뢰를 받는 정당정치의 발달
에 제약을 준다. 어떤 측면에서는 공무원도 정치적인 면을 고려하여
국민의 눈치를 보며 구미에 맞는 정책과 직무를 수행하게 될 수도 있

다(엽관주의를 가미).

② 행정의 대응성 부족과 관료집단화 강화: 정치적 중립은 실적주의와 신분
　보장으로 연결되어 행정의 대응성·책임성이 문제가 되며, 이는 관료
　의 특권집단화와 각종 관료적 병리현상을 초래할 수 있다(무사안일주
　의 팽배와 할거주의 초래).

③ 민주적 권리의 침해: 정치참여가 투표로 제한되어 있어 민주시민으로서
　의 공무원의 참정권이 제한된다.

④ 평화적 정권교체의 전제: 민주적 정권교체의 전제 하에 정치적 중립이
　보장된다. 그렇지 않으면 공무원과 조직은 정치적인 수단으로 악용된
　다(후진국·신생국, 군사적 권위주의 정권에서 흔히 볼 수 있음).

⑤ 조직의 위계질서의 문제: 지나친 신분보장은 공무원을 '철가방'으로 대
　별되는 존재로 만들고, 이러한 현상은 상관에 대한 불복종으로 이어
　져 조직의 위계질서를 파괴할 수 있다.

4. 정치적 중립성에 따른 문제점 해결방안

① 실적주의에 엽관주의적 제도의 가미
② 내부 및 외부 통제의 강화
③ 공무원 윤리강조와 직업의식 고취
④ 정치발전과 행정발전의 균형발전 노력
⑤ 국민의 참여의식과 민중통제 강화
⑥ 평화적·민주적 정권교체와 지속
⑦ 공무원의 참정권 보완 등
⑧ 대표적 관료제 확대
⑨ 지나친 신분보장에 대한 제도적 보완
⑩ 행정체제의 대응성·책임성·자율성 확보 노력

1. 목표관리 및 연봉제·성과상여금제 도입

(1) 목표관리(MBO)기법 적용

서울시에서 처음 도입하여 적용하였고, 2005년 7월 반기문 외교통상부장관과 재외 공관장들과의 업무목표 계약을 맺는 등의 예가 있었으며, 목표관리기법 적용이 공무원 조직에서 널리 활용되었다. 대사 등 재외 고위 외교공무원들이 다음 해 목표를 스스로 정하고 이를 주무 장관의 확인을 받는 절차이다. 이 목표에 대한 결과는 개인의 성과급과 인사에 반영하게 된다. 현재 직무성과계약제가 도입되어 실·국장은 장·차관과 과장급은 실·국장과 성과계약을 맺고 평가받고 있다.

(2) 연봉제 도입

연봉제는 연간 계약금으로서 기본급과 수당 등이 정해지지 않고 총액만을 정한 금액으로서 1999년부터 3급(국장급) 이상과 계약직 공무원을 대상으로 실시하였다. 정무직은 고정급적 연봉제로 적용하고, 1~3급 상당 공무원 및 계약직 공무원은 성과급적 연봉제를 적용한다.

(3) 성과상여금 지급

경쟁력과 능률성을 향상시키기 위해 4급 이하의 전 공무원에 대해서는 개인 실적에 따라 연말에 봉급 외에 상여금 형식으로 추가 지급하는 제도이다.

2. 부패방지법의 운영

(1) 개념 및 목적

부패방지는 공직윤리의 요구하는 최소한의 규범적 개념으로서 목적은 사회 전체의 부패방지를 위한 것이 아니라 공직자의 각종 부패행위의 사전 예방과 사후 조치를 통해 청렴한 공직 및 사회풍토 확립을 위한 것이다<부패방지법, 2001, 7. 제정 / 2002, 1. 25 시행>.

(2) 부패의 정의

① 공직자가 직무적 지위 및 권한을 남용하거나 법령을 위반하여 자신 또는 관련된 제 3자의 이익을 추구하는 행위

② 공적 직무이행이라 할지라도 공공기관의 예산사용, 공공기관 재산의 취득·관리·처분 또는 공공기관을 당사자로 하는 계약체결 및 그 이행에 있어서 법령에 위반하여 공공기관에 재산상 손해를 입히는 행위로 부패방지법에 규정되어 있다.

(3) 부패방지위원회 설치

① 소속 및 담당업무: 대통령 직속으로서 행정위원회의 역할을 수행하며, 공무원의 부패방지에 관련한 법령, 제도 등의 개선과 정책의 수립 및 시행을 담당하고 있다.

② 기능
  ㉠ 공무원의 부패방지 정책 및 제도개선사항의 수립
  ㉡ 부패행위에 대한 신고접수, 신고자 보호 및 보상
  ㉢ 부패척결을 위한 전반적인 업무의 총괄

국민권익위원회(과거 국가청렴위원회의 기능)
1. 공공기관의 부패방지를 위한 시책 및 제도개선사항의 수립·권고와 이를 위한 공공기관에 대한 실태조사
2. 공공기관의 부패방지시책 추진상황에 대한 실태조사·평가
3. 부패방지 교육·홍보계획의 수립·시행
4. 비영리 민간단체의 부패방지활동 지원
5. 부패방지 등과 관련한 국제협력
6. 부패행위에 대한 신고의 접수 등
7. 신고자의 보호 및 보상
8. 법령 등에 대한 부패유발요인 검토
9. 부패방지와 관련된 자료의 수집·관리 및 분석
10. 공직자 행동강령의 시행·운영 및 그 위반행위에 대한 신고의 접수·처리
11. 그 밖에 부패방지를 위하여 대통령이 위원회에 부의하는 사항

(4) 신고의 의무

공직자는 다른 공직자의 부패행위와 자신에 대해 부패의 강요나 제의가 있을 경우, 수사기관 및 감사원 또는 부패방지위원회에 신고토록 규정되어 있다.

(5) 내부 고발자 보호

동료 공직자의 부패행위를 신고한 내부 고발자에 대한 징계나 인사상의 불이익을 주지 않도록 현재 내부고발자 보호법이 운영되고 있으나, 현실적으로 보호받지 못하고 있는 실정이다. 내부고발에 따른 인사상의 불이익 처분에 대해 국가청렴위원회와 부패방지위원회는 신분의 원상회복 등 보장을 요구할 수 있다고 규정되어 있다.<부패방지법 제32조, 제34조>

(6) 포상 및 보상

개인의 부패행위의 신고로 국가나 지방자치단체의 예산낭비를 줄이는 등 재산상의 이익을 가져오거나 손실을 방지한 경우는 이에 상응한 보상금을 해당 부처에 추천할 수 있도록 되어 있다(상훈법 적용).

3. 비위공무원에 대한 불이익 조치

부패행위로 인해 강제퇴직을 당한 전직 공직자는 사기업체에 퇴직 전 3년간 근무했던 직종과 관련된 사기업체에 취업을 하려면 5년 이상이 경과되어야 한다. 또한 뇌물 수수 등 비리로 인한 강제 퇴직자는 퇴직금 전액을 몰수해야 한다는 법적 장치의 마련도 필요하다.

4. 총액인건비제도

(1) 개념

총액인건비제도는 총액만을 정부가 정해주고, 각 중앙부처는 정해진 인건비 내에서 인력의 수와 기구의 설치, 직급 및 인건비 배분을 자율적으로 운영하는 제도이다.

(2) 내용

① 노무현 정부에서는 행정자치부가 국가 공무원 총원과 각 부처의 상한선만을 정하여 관리하고 정원규모, 계급별·직급별 정원은 부처 자율성에 맡겼다. 그러나 이명박 정부에 들어서는 작은 정부의 방침에 따라 많은 제한을 받고 있다.

② 각 부처의 3급 국장급 이상의 직위는 직제에 규정하고, 3∼5급 과장급 정원에 대해서도 적정 기준인원을 요구한다(상위직 구성 남발 방지).

③ 모든 직급의 특별채용 시험 실시권도 각 부처에 위임된다.

④ 사업비의 인건비 전용 금지를 강조한다.

⑤ 행정안전부, 예산처, 인사위원회 실·국장으로 구성되는 인적자원관리협의체에서 각 부처의 운영실태를 평가해 그 결과를 익년 인건비 예산에 반영한다.

신 공공관리시대의 인사개혁

1. 고위공무원단

(1) 고위공무원단제도의 의의

① 고위공무원단제도는 정부의 주요 정책 결정 및 관리에 있어서 핵심적 역할을 담당하는 실·국장급 공무원을 범정부적 차원에서 적재적소에 활용하고 개방과 경쟁을 확대하며 성과책임을 강화함으로써 역량 있는 정부를 구현하는 제도이다.

② 고위공무원단제도는 1978년 미국에서 최초 도입한 이후 영국, 호주, 캐나다 등 OECD 정부혁신선도국가들이 도입·시행 중이며, 우리나라에서는 참여정부에 들어서 본격적으로 도입이 추진, 2006년 7월부터 시행되고 있다.

③ 고위공무원단의 관리는 중앙인사위원회에서 실시하며, 기존의 전 공무원의 관리에서 관리의 폭이 줄어 인사관리의 효율성이 달성될 수 있다. 한편으로는 대통령의 인사권 강화라는 측면도 숨어있는 제도이다.

(2) 내용

① 고위공무원단 구성 및 정원관리: 실·국장급을 대상 계급 없이 직무등급과 직위중심으로 운영하는 제도이다. 대상 직위(1500명 목표)는 중앙행정기관 실·국장급의 일반직·별정적·계약직 및 외무직 공무원이 대상이며, 지방자치단체 및 지방교육청에 근무하는 국가직 고위공무원(부시장, 부지사 및 부교육감)도 포함된다.

② 소속과 인사권: 모든 실·국장급 국가공무원은 일단 '고위공무원단 소속 공무원'이 되어 성과정부적 풀 관리의 대상이 된다. 각 부처장관은 소속에 구애 되지 않고 고위공무원의 전체 풀에서 적임자를 임용·제청할 수 있으며, 이러한 절차를 거쳐 각 부처에 배치된 고위공무원에 대해서는 현행과 같이 소속장관이 인사권과 복무감독권을 행사한다.

③ 정원관리방식: 계급 없이 직무등급과 직위중심 계급이 폐지되고 직무중심으로 인사관리가 이루어지게 됨에 따라 현행 계급별 정원관리방식이 직무등급과 직위중심으로 전환된다. 이에 따라 계급 구애 없는 폭넓은 인선으로 인재를 적재적소 활용하고 직위의 직무 값에 따라 부여되는 직무등급을 기준으로 성과에 따른 지급과 인사관리가 이루어지게 된다.

(3) 충원방식: 개방과 경쟁

고위공무원단은 개방형직위를 통한 민간과의 경쟁뿐만 아니라 공모직위제도를 도입하여 부처 간 경쟁을 통해 적격자를 충원하고, 기존의 실·국장급 공무원은 일괄하여 고위공무원단으로 편입되며, 고위공무원단으로 신규진입은 역량평가와 후보자 교육과정 이수가 필요하다. 충원비율은 개방형직위(20%), 직위공모(30%), 부처자율인사(50%)로 되어있다.

(4) 능력발전과 역량강화: 역량평가제의 도입

① 고위공무원 후보자 교육의 체계화: 고위공무원 후보자 교육은 고위공무원단으로의 진입에 예상되는 각 부처의 핵심 과장급이 대상이 되며, 각 부처별 연간 평균 국장급 승진 인원의 일정 배수에 해당되는 인원을 추천받아 교육을 실시한다. 각 부처 핵심과장들은 직책상 자리를 비우기 어려우므로 후보자 과정은 현업 병행방식으로 진행되며, 교육지도관별 소그룹으로 나누어 정부가 당면한 실제 정책과제를 부여하고 해결책을 모색하는 문제해결형 교육(Action Learning)이 실시된다.

② 역량평가제의 도입: 역량평가제는 고위공무원단 후보자가 고위공무원에게 필요한 능력과 자질(역량)을 충분히 갖추고 있는지 평가하는 제도로서 외부 민간전문가와 공직 내부 고위공무원, 단 소속 공무원이 포함된 다수의 평가자들이 그룹토론, 역할연기, 면접 등의 평가기법을 활용하여 실제 업무에서 나타날 수 있는 모의상황을 통해 피평가자의 행동양식을 평가하는 것이다.

(5) 직무와 성과중심의 인사관리: 직무성과계약제 및 직무성과급제의 도입

① 직무성과계약제: 성과목표·평가기준 등을 직상급자와 합의하여 1년 단위의 성과계약을 체결하고, 목표달성도를 매년 4등급으로 구분하여 절대평가하는 제도이다. 이 제도는 성과목표뿐만 아니라 평가기준까지도 평가자와 피평가자 간에 합의하기 때문에 성과계약과정에서 피평가자의 입장이 충분히 반영될 수 있는 공정한 룰에 의한 평가체계이며, 사전에 합의된 평가기준에 의해 평가가 이루어지므로 계량성이 약한 정부업무에 대한 성과평가에 있어서도 그 결과에 대한 당사자의 수용성을 높일 수 있다.

② 직무성과급제도: 직무급과 '성과급'을 결합한 형태의 보수체계로서, 즉 직무의 난이도와 중요도를 반영한 직무등급에 따라 보수를 책정하고 성과에 따라 보상을 차등하는 보수체계이다. 이와 함께 고위공무원단

에게는 성과와 보수의 연계성을 강화하기 위하여 성과연봉의 비중을 확대하고 탁월한 소수에 대한 특별상여금도 지급할 계획이다.

(6) 우수인력 선발·유지를 위한 검증시스템 강화 : 적격성심사제 도입

고위공무원의 성과와 자질 등을 지속적·정기적으로 점검하여 무사안일을 제거하고 능력과 실적 위주 풍토를 조성하기 위하여 적격성심사제를 도입하여 운영한다. 매 수시 또는 5년마다 전 고위공무원을 대상으로 실시한다. 정년과 신분보장은 기본적으로 유지되나 신분장의 약화를 가져온다. 특히 수시 적격심사대상은 각 부처에서 최근 최하위로 평가받은(2년간 총 3년) 고위공무원과 정당한 사유 없이 무보직 기간이 2년 이상인 고위공무원 소속 공무원은 직이 가능하다(고위공무원단 적격심사위원회, 원장－중앙인사위원장, 위원－관계부처 차관).

※ 현재 감사원은 고위공무원단제도를 도입하여 고위감사공무원단을 운영하고 있다.

---

check
point

고위공무원단 인사규정

1. 제4조 고위공무원단으로 인사관리 되는 공무원의 범위
   고위공무원단으로 인사관리 되는 공무원의 범위를 파견·휴직 중인 자, 파견·휴직 기간 종료 후 복귀·복직하여 보직 없이 근무 중인 자 및 개방형 임용기간 만료 등으로 보직 없이 근무 중인 자 등으로 규정

2. 제5조 고위공무원단에 속하는 공무원에 대한 임용권의 위임
   대통령은 고위공무원단에 속하는 공무원의 신규 채용, 고위공무원단 직위로의 승진임용, 고위공무원단에 속하는 공무원의 전직·강임·면직·해임 및 파면 등에 대한 임용권을 행사하고, 그 밖의 임용권에 대하여는 소속장관에게 위임

3. 제2조(2호) 및 제 7조 고위공무원단후보자 요건
   고위공무원단후보자는 고위공무원단후보자 교육과정을 이수한 후 역량평가를 통과한 자로서 4급 이상 공무원으로 승진소요최저연수를 갖추거나 과장급 직위에 재직한 연구관·지도관으로서 5년의 근무연수를 갖춘 자로 규정

---

4. 제8조 고위공무원단후보자 교육과정의 운영

고위공무원후보자 교육과정의 운영주체와 고위공무원단후보자 선발의 기준 및 방법 등을 구체적으로 정하고, 후보자 교육과정의 이수기준은 중앙인사위원회가 정하도록 함.

5. 제9조 및 12조 고위공무원단에 속하는 공무원의 채용 및 고위공무원단 직위로의 승진임용을 위한 역량평가

(1) 역량평가의 대상자·실시시기 및 통과기준 등을 명확히 하고, 역량평가의 방법과 역량평가 결과 미흡한 것으로 평가된 항목에 대하여 역량을 향상시키는 방안 등을 규정

(2) 역량평가의 실시에 관한 구체적인 기준을 규정하여 투명성과 객관성을 확보하고 역량평가의 신뢰성을 제고

6. 제16조 및 제17조 고위공무원단 직위로의 승진임용 및 전보

일반직 고위공무원단후보자는 소속장관별 보통승진심사위원회의 선발과 중앙인사위원회의 승진심사를 거쳐 고위공무원단 직위로 승진, 임용될 수 있으며, 연구직·지도직 고위공무원단후보자는 소속장관별 보통승진심사위원회의 선발을 거쳐 고위공무원단 직위로 전보될 수 있도록 규정

7. 제18조 및 제19조 고위공무원단에 속하는 공무원의 보직관리 및 전보원칙

고위공무원단에 속하는 공무원에게 적용될 수 있는 보직관리의 기준 및 전보제한사유를 규정하고 고위공무원단에 속하는 공무원이 보직 없이 근무할 수 있는 경우 및 고위공무원단에 특별히 적용되는 전보제한사유를 구체적으로 정함

8. 제20조 고위공무원단에 속하는 공무원의 근무성적평정

고위공무원단에 속하는 공무원에 대한 성과계약평가는 5개 등급으로 평가

9. 제22조 및 제27조 고위공무원단적격심사의 절차 및 기준

적격심사위원회의 위원 구성 및 자격기준, 적격심사의 의결기한, 적격심사위원에 대한 제척 및 기피조건과 부적격심사 기준 등

10. 제28조 별정직·계약직 고위공무원의 면직제청 등

(1) 고위공무원단에 속하는 별정직 및 계약직공무원의 경우에도 면직제청 또는 계약해지가 가능하도록 함

(2) 고위공무원의 직무를 계속 수행하게 하는 것이 곤란하다고 판단되는 별정직 및 계약직 고위공무원에 대하여 면직제청 또는 계약해지할 수 있는 일정한 기준을 구체적으로 정함

2. 개방형 직위제도

(1) 개념

98년 김대중 정부에 도입한 제도로 개방형 직위제도는 전문성·민주성이 요구되는 직위를 선정하여 공무원 및 민간전문가 등을 대상으로 공개적 심

사를 거쳐 직무중심의 임용제도이다.

* 국가공무원법: "고도의 전문성이 요구되거나, 효율적인 정책수립을 위하
  여 필요할 경우 특정 직위에 대하여 공직 내·외부에서 공개적 모집을
  하고 경쟁을 통해 적격자를 임용하는 것"이라고 규정

(2) 필요성

① 기존 직업공무원제의 한계: 기존 우리나라의 인사행정은 직업공무원제,
   계급제, 폐쇄형 임용제도로서 신분안정, 공직의 안정성 강화라는 측면
   에서 유리한 점이 있으나, 경쟁의 부재로 인한 보수성으로 인해 변화
   에 둔감한 관료제를 야기하였으며, 이로 인해 관료제가 특권집단화
   (invisible party: A. Toffler)되는 문제점을 초래하였다.

② 공직의 전문성 강화: 폐쇄형과는 달리 개방형 임용은 공직 외부의 전문
   적 능력을 갖춘 인재를 채용하는 데 유리하다. 따라서 이들을 공직에
   영입시켜 공직의 전문성 향상과 업무의 효율성을 높이는 데 기여한다.

③ 정치적 리더십의 강화: 개방형 임용을 통해 임용권자의 임용기능이 확
   대되고 재량권도 커져 행정기관의 상층부에 있는 정치적 리더십의 조
   직 장악력이 강화 된다.

(3) 개방형 직위제도의 현황 및 내용

① 현황: 국가공무원법 제28조의4에 근거하여 1999년 도입되었다. 실·국장
   급(1~3급) 직위의 20%이내에서 공직 내·외부의 경쟁을 통해 선발하며,
   2004년 현재 40개 부처 142개 직위가 개방형 직위로 운영되고 있으며, 이
   중 38개 직위가 외부 임용되었으며 외부 임용률은 30.6%에 해당한다.

② 내용
   ㉠ 개방대상 직위의 선정: 실·국장급(1~3급) 직위의 20% 이내와 실·국
     장급(1~3급) 개방형 직위의 50 / 100 범위 내에서 과장급(4급) 직위로
     대체가능

ⓛ 선발기준 및 주체: 전문성, 중요성, 쇄신성, 민주성, 조정성과 민간대
체인력 존재여부, 외부임용 가능성 등이 선발기준으로 추가되어 선
발 주체는 중앙인사위원회로, 부처별 선발위원회에서 복수의 적격
자를 추천하면 중앙인사위원회에서 최적격자를 선발한다.
③ 대우: 계약직 공무원으로 임용하고, 임용기간은 5년(최소 2년)을 넘지
않는 범위 내에서 소속장관이 정하며, 보수는 현재 일반직의 130% 수
준으로(상하 제한 없음) 성과급제의 적용을 받는다.

(4) 기대효과

① 전문성의 강화: 인재 임용 pool을 민간에게로까지 확대하면서 공직 내·
외부에서 가장 적합한 능력을 가진 인재를 선출할 수 있다. 즉 공직 임
용에 있어서 단순히 연공서열식 임용이 아닌, 전문가주의적 요소의 도
입을 통해서 정책의 전문성을 확보할 수 있다.
② 경쟁 도입 및 성과향상: 폐쇄형 직업공무원제로 인한 공직사회의 침체
와 무사안일주의를 경쟁원리의 도입으로 해소할 수 있다.
③ 정부의 관료적 편향성 극복: 외부로부터의 새로운 인사 영입을 통해서
정책과정의 관료적 편향성을 극복하며 유연성을 증진시킬 수 있다.
④ 개혁추진 세력의 향상: 행정조직 내 개혁추진 세력을 형성하고 정치적
리더십과 조직 장악력을 높이는 데 기여할 수 있으며 정치적 민감성
도 확보할 수 있다.

(5) 문제점

① 공직 내의 불안: 개방형 직위제도는 기존 공무원의 승진기회를 감소시
킴에 따라 공직사회 내에 불안과 사기저하를 초래할 수 있다.
② 정치적 중립성 및 실적주의 저해: 개방형 직위제도가 엽관임용이나 정실
임용으로 활용된다면 공무원의 정치적 중립과 행정의 공정성이 약화
될 수 있다.

③ 국가 업무의 공공성(보안 및 공익성) 문제: 개방 임용된 공무원이 전문성만을 강조하여 개인적인 지적 독선에 빠질 경우 업무의 공공성 훼손으로 정책왜곡이 발생할 수도 있다.

④ 민간과의 유착가능성: 개방형으로 임용된 공무원은 신분보장이 안 되므로 이익집단과의 유착가능성, 포획 가능성도 지적되는데, 이를 '회전문 병폐(revolving door syndrome)'라 한다.

⑤ 개방 임용된 고위직의 하위직에 대한 효율적 통제의 의구심과 통제수단의 미비가 한계이다.

⑥ 지나친 경쟁의 강조로 조직구성원 간의 불신과 공공성 약화라는 문제점을 야기할 수 있다.

(6) 해결방안

① 제도에 대한 인식의 전환과 조직문화의 점증적 혁신을 추구해야 한다.

② 과학적 인사관리시스템 구축: 직무분석·평가의 과학화 및 성과평가 측정지표의 개발, 구축 등 과학적 인사관리 시스템을 구축해야 한다.

③ 개방직위 임용자에 대한 보수와 대우를 현실화해야 한다.

④ 선발 및 임용관리
   ㉠ 개방대상 직위의 선정: 과학적인 직무분석
   ㉡ 정실인사 대책마련
   ㉢ 적극적 인재유치 전략

⑤ 선발, 임용 후 관리
   ㉠ 공직사회 적응대책 마련 및 직업윤리의식 확보를 위한 교육훈련
   ㉡ 조직·인사·예산의 관리권 대폭위임
   ㉢ 성과관리: 성과측정의 객관성, 공정성, 정확성 확보

3. 직무성과계약제

(1) 의의

직무성과계약제는 장·차관 등 기관의 책임자와 실·국장 등 고위관리자, 과장 등 중간관리자 간에 Top-down 방식으로 성과목표와 평가지표 등에 관해 공식적인 성과계약을 맺은 뒤 계약서에 명시한 목표의 달성도에 따라 인사·보수상 차별을 받는 제도이다.

(2) 도입 배경

행정서비스의 대상인 국민에게 미치는 편익 또는 정책영향을 극대화하기 위해 성과평가를 하는 것인데, 종래의 성과평가시스템은 산출물 평가위주로 고객에게 미치는 최종결과를 제대로 평가하기 어려운 측면이 있었다. 더구나 평가가 어려운 정책수립 등 질적인 부분에도 성과평가의 중요성을 인식하면서 결과중심의 행정부문의 평가시스템 구축 및 성과에 대한 책임성 강화를 추구하기 위해 직무성과계약제가 도입되었다.

(3) 기존 평가제도의 한계

① 해당부처의 임무와 개인목표의 연계 미흡
② Bottom-up 방식에 의한 실질적 평가의 미흡
③ 계량적 평가 중심

(4) 도입 효과

① 일의 방향성과 책임성의 강화
② 최고 관리층의 책임의식향상과 조직구성원의 동기부여 강화
③ 기관장 등의 평가부담완화와 공정한 평가 가능성의 증대

(5) 성공방안

① 제도상의 시민참여
② 직무성과 계약의 명확화
③ 계약자의 집행자율성 보장
④ 공정한 평가체제 확립

4. 인사심사제도

(1) 제도의 의의

고위직 공무원 인사심사 제도는 국가공무원법 제7조 제3항·제4항 및 제5항의 규정에 의하여 1급~3급 일반직 공무원에 상당하는 별정직 공무원과 계약직 공무원의 채용, 그리고 1급~3급 일반 직공무원으로의 승진임용후보자 선발에 있어서 공정성과 객관성·적격성 여부를 중앙 인사위원회가 실적주의 원칙에 입각하여 사전에 검증함으로써 정책결정 계층인 고위직 인사관리가 합리적이고 투명하게 이루어지도록 하는 데 그 의의가 있다. 이러한 고위직 인사심사제도는 개방형 임용제도·성과주의 인사제도 도입 등과 함께 대표적인 행정개혁 추진사례 가운데 하나이다.

(2) 운영 현황

위원회 구성: 총 7명으로 위원장, 상임위원 1인(사무처장 겸임), 비상임위원 5인

(3) 심사대상

① 1~3급 일반직 공무원으로의 승진과 채용
② 1~3급(상당) 별정직 공무원의 채용

③ 1~3급(상당) 계약직 공무원의 채용

※ 심사대상에 포함되는 경우
① 특정직 중 대통령경호실 소속 공무원의 신규 채용<대통령경호실법
   제5조의2 제3항>
② 지방자치단체소속 국가공무원
※ 심사제외 대상
① 특정직 공무원(검사, 외무, 경찰, 소방, 교육, 군인 등)
② 감사원 소속 직원<감사원법 제18조 제3항>
③ 입법부, 사법부, 헌법 재판소, 선거관리위원회 소속 공무원
④ 지방공무원

5. 직위공모제

(1) 개념

직위공모제는 정부 내 인력을 효율적으로 활용하기 위하여 결원발생 시
정부 내 공개모집을 통하여 적격자를 선발 임용하는 제도이다.

(2) 적용대상직위

① 1급~3급 상당 일반직・별정직(개방형직위 제외)
② 4급 이하에 대하여는 소속장관이 준용 가능
③ 지방직은 6급까지 적용

(3) 공모직위 선정기준

① 타 기관 공무원으로도 업무수행이 가능한 경우

② 업무수행 시 타 기관의 협조·지원이 필요한 경우
③ 타 기관과의 교류를 통해 인적자원의 수준을 높이고자 할 경우
④ 승진후보자가 당해 기관 안에는 1인밖에 없는 경우 등

6. 성과관리카드

(1) 도입 배경

종전의 인사기록카드는 경력과 신상 위주로 되어 있어 실제 인사 시 활용가치가 낮았고 개인의 성과 및 평가정보가 체계적으로 관리되지 못하는 문제점이 있었다. 이에 중앙인사위원회는 공무원의 업무성과에 대한 각종 평가 및 감사결과를 종합적·누적적으로 관리하여 실적과 성과에 따른 인사운영 기반을 구축하기 위해 인사기록카드를 개편하여 개인별로 성과관리카드를 마련하였다.

(2) 운영 현황

2005년 2월 「공무원인사기록 및 인사사무처리규정」을 개정하여 성과관리카드의 법적 근거를 마련하였고, 5월에 성과관리카드 기록·관리 지침을 제정하여 동제도의 운영을 위한 세부적인 내용을 규정하였다. 2005년 7월 1일 성과관리카드제도가 시행되면서 각 부처에서는 성과관리카드 기록 관리시스템을 활용하여 4급 이상 공무원의 2004년도 성과 및 평가정보를 입력하였으며, 작성된 성과관리카드는 고위직 인사심사 및 인재추천 등에 활용되고 있다.

(3) 주요 내용

성과관리카드의 기록대상 정보는 개인의 주요성과, 상사의 평가의견, 외

부평가와 감사결과 등으로, 행정부 소속 전 공무원은 개인별로 성과관리카드를 매년 작성하여 누적적으로 관리한다.

① 주요실적: 연도 초에 설정한 목표에 대한 한 해의 실적
② 외부평가: 국무조정실의 정책평가결과 등
③ 감사결과: 자체감사 및 감사원 감사 결과 변상판정 / 변상명령, 징계, 불문경고의 내용

(4) 활용방안

성과관리카드는 각 기관에서 승진, 보직관리, 교육훈련 등 각종 인사관리의 기초자료로 활용되고, 고위공무원의 인사심사 시에 필수 심사자료로 활용된다. 또한 5급 이상 공무원의 성과관리카드는 국가인재DB와 연계되어 고위공무원단 적격심사자료, 정무직 및 정부산하기관장 후보 심사자료 등으로 적극 활용되고 있다.

(5) 향후 계획

중앙인사위원회는 직무성과계약평가 등의 근무성적평정결과와 성과관리카드를 전자인사관리시스템(PPSS) 상에서 연계하여 성과관리카드 관리의 편리성을 제고하고, 다양한 성과정보를 추가로 기록하고 활용의 근거를 마련하여 각종 인사운영 시 성과관리카드의 활용을 활성화할 계획이다.

7. 성과계약제

(1) 도입 배경

공공기관의 성과를 관리하는 목적은 행정서비스의 고객이라고 할 수 있는 '국민에게 미치는 편익 또는 정책영향을 극대화' 하는 것이다. 그럼에도

불구하고, 종래의 성과평가시스템은 산출물에 대한 평가에 치중한 측면이 있어 고객에게 미치는 최종결과를 제대로 평가하기 어려운 측면이 있었다. 더구나, 평가가 어려운 정책수립 등 질적인 부분에도 성과평가를 위한 노력이 있어야 한다는 인식도 공직사회 내·외부적으로 꾸준히 제기되어 왔다. 이런 추세에 맞춰 중앙인사위원회에서는 결과중심의 행정부문의 평가 시스템 구축 및 성과에 대한 책임성 강화를 추구하기 위해 직무성과계약제를 도입하기에 이르렀다.

(2) 개념

직무성과계약제는 장·차관 등 기관의 책임자와 실·국장, 과장 간에 공식적인 성과계약(Performance Agreement)을 체결하여 성과목표 및 지표 등에 관하여 합의하고, 당해 연도의 "직무성과계약"에 의해 개인의 근무성적을 평가하고, 평가결과를 성과급, 승진 등에 반영하는 인사관리시스템이다.

(3) 외국의 성과계약제 운영 사례

① 캐나다 고위공무원단의 성과계약: 부처의 장관과 고위공무원단(Executive Group) 구성원 간에 연중 수행과제와 성과지표 등을 계약으로 체결하고, 평가결과를 기본급인상, 일시불 성과급 등에 반영한다. 호주 인사처의 성과계약인사처의 처장(Comissioner)과 고위공무원 간, 단계적으로 관리자 간에 개인별 직무기술서, 성과책임, 성과표준 등을 근거로 성과계약을 체결, 사업계획과 성과에 대한 피드백을 6개월마다 실시하며 평가결과는 개인의 보수와 인사평가에 반영한다. 영국 고위공무원단(SCS)의 성과계약부처의 장관과 고위공무원단 구성원 간에 업무목표와 업무수행방법 등에 관한 계약을 체결하고, 평가결과에 따라 상여금(bonus)을 차등 지급하는 한편, 익년도 성과계약의 기초로 활용되고 있다.

② 뉴질랜드의 사무차관 및 고위공무원단(SES)의 성과계약: 부처의 장관과

사무차관 및 고위공무원단 구성원이 계약대상자로서, 인사위원회(SSC) 위원장이 각부의 사무차관 및 고위공무원단 구성원과 면담을 실시하여 성과계약의 달성도를 평가하며, 평가결과는 해당부처 장관에게 제출되며 재계약 여부 등에 활용된다.

(4) 향후계획

① 중앙인사위원회에서는 지난 2004년 10월 「직무성과계약제」를 도입하여 시범 실시하였으며, 2005년부터는 전 중앙행정기관으로의 확산을 추진하여 50개 기관 중 48개 기관에서 도입하여 운영하였다.

② 향후 직무성과계약제를 통해 각 부처의 성과관리가 제대로 이루어져 국민에게 제공되는 행정서비스가 더욱 향상될 수 있도록 각 부처의 직무성과계약제 운영을 지속적으로 지원해 나갈 것이다. 이를 위해 발굴된 모범사례와 성과관리전문가 네트워크를 바탕으로 부처별 현장 지원을 실시하고, 아울러 목표의 설정과 지표개발의 방법론을 더욱 연구·발전시키는 등 최선의 노력을 기울여 나갈 계획이다.

8. 공무원 퇴출제

(1) 도입 배경

① 1948년 정부 수립 이후 우리의 공직사회는 조직의 효율성과 대다수 공무원들의 성실성을 바탕으로 경제발전에 크게 기여해 왔다. 그러나 자원난과 국가경쟁력 시대에 걸맞지 않는 무사안일주의와 같은 관료적 병리행태를 보여 경쟁력 저하와 생산성과 전문성 저하로 국민들의 빈축을 사왔다.

② 공직사회의 인사혁신이라고 할 수 있는데, 공무원의 신분 보장을 지켜온 국가공무원법이 1963년 제정된 이래로 공무원이라는 직업은 결

코 깨질 수 없는 '철밥통'을 의미하는 단어로 인식되어 왔다. 정년까지 보장되는 공무원의 인사시스템으로 인해 '무사안일주의'와 '태만의 늪'에 빠져있는 일부 공직자들을 보다 경쟁적이고 생산성 있는 공직풍토를 조성하기 위함이다.

③ 울산시에서 시작된 '무능공무원 퇴출제'가 서울시를 비롯한 각 지방자치단체를 시작으로 행정안전부 등 중앙부처로까지 확산되었다. 서울시의 퇴출제는 다른 지방자치단체는 물론 산하 공기업에도 영향을 미쳐 서울메트로가 일순위가 되고 있다.

(2) 서울시 퇴출제 운영

① 서울시는 2007년 '무능·태만 공무원 3% 퇴출제'를 시행한 데 이어 2008년에는 중·하위직을 대상으로 한 새 인사 시스템인 '헤드헌팅·드래프트제'를 도입해 일하는 공직풍토를 조성한다. 하지만 '3% 퇴출제'가 소리만 요란했을 뿐 별다른 성과를 거두지 못하고 평가 기준이 명확하지 않아 직원들의 '줄서기'와 위화감을 조성할 수도 있다는 우려의 목소리가 나오고 있다.

② 2007년에 업무 능력이 떨어지거나 근무 태도가 불량한 직원 102명을 가려 현장시정지원단에 배치했다. 이들은 한강둔치 청소, 도로안내표지판 조사, 노숙인 시설 봉사 등의 업무에 투입됐다. 자기진단과 직무 능력 향상 등을 위한 심화교육도 받았다. 6개월 활동 후 55명이 복귀했고, 나머지 47명은 현직에서 배제됐다.

③ 서울지하철 1~4호선을 운영하는 서울메트로가 2010년까지 전체 인력의 20%를 줄이는 감축안을 내놓는 등 시 산하 5개 공기업이 10% 안팎의 인력을 줄인다. 자치구에서도 '무능·불친절 공무원 퇴출' 바람이 불고 있다.

(3) 서울시 퇴출현황과 한계

① 현장시정지원단의 경우 전체 102명 중 현직에서 배제된 인원은 47명에 불과하다. 사유별로는 자진퇴직 13명, 해임 등 5명, 정년퇴직 12명, 재교육 17명(휴직 4명 포함) 등이어서 정년퇴직과 재교육 대상자를 제외하면 퇴출제에 따라 공직생활을 접은 공무원은 고작 18명에 그친다.

② 서울시가 2010년까지 1300여명을 줄이기로 한 구조조정안 역시 퇴출이 아니라 정년에 따른 자연 감소 인원을 모두 채우지는 않겠다는 것이다. 예를 들어 행정·기술직의 경우 10명이 정년퇴직하면 그 절반만 채운다는 식이다. 서울시 산하 5개 공기업도 직원 1만 9600여 명 중 10%인 2000여 명을 줄이겠다는 방침이다. 하지만 이 역시 정년퇴직과 자회사 설립 등으로 인력을 감축한다는 계획이이어서 '무늬만 개혁'이라는 지적을 받고 있다.

참고문헌

강성철 외 (2007). 새 인사행정론. 대영문화사.

국가공무원법 원문에서 발췌 정리.

김판석 / 이선우 (1999). 고위공무원제도의 도입과 활용방안 모색. <한국행정연구>

한영수 (2004), 인사행정론. 형설출판사.

행정안전부 홈페이지 및 정부부처 각 홈페이지에서 발췌.

Beach, Dale s. (1980). Personnel: The Management of People at Work. NY.: Macmillan Publishing Co., Inc.

Bowey, Angela (1974). A Guide to Manpower Planning. London: McMillan.

Caiden, G. E. (1977). Administrative Corruption. PAR. 37(2)

Cayer, N. Joseph (2004). Public Personnel Administration. Belmont, CA.: Wadsworth.

Dresang. (1991). Public Personal Management and Public Policy. 2nd ed., New York: Longman.

Heady, FF. (1984). Public administration: A comparative perspective. NY: Marcel Dekker, Inc.

Kingsley, J. D. (1944). Representative bureaucracy: An interpretation of the British civil service. Yellow springs: The Antioch Press.

Lipset, S. M. (1952). Bureaucracy and social change, in R. K. Merton, et al. (eds.). Reader in Bureaucracy. NY: The Free Press.

Loucks, Edward A. (1981). Bureaucracy Ethics from Washington to Carter: An Historical Perspective. Public Personnel Management (10)1.

Perlmuter, A. (1980). The comparative analysis of military regimes. World Politics 33.

Schein, E. H. (1970). Organizational psychology. 2nd ed. Englewood Cliffs, N.J.: Prence-Hall.

Sayre, W. (1948). The Triumph of techniques over purpose. Public Administration Review 8.

Tompkins, Jonathan (1995). Human resource management in government. NY: Harper Collins College Publisher.

찾아보기

서상원 

▌약력

고려대 행정학 박사

(전)국방개혁위원회 연구위원

(전)대구대학 전임연구원

(현)고려대 정부학연구소 선임연구원

(현)(사)남도발전연구원 연구위원

(현)한국물류산학연협회 전임강사

(현)한경대, 백석대, 강남대 등 강사

▌주요논문 및 저서

『조직관리론』,『오아시스행정학』,『인사행정』,『정책론』,『유통마케팅론』

「공공서비스 공급방식의 전략적 결정사례 분석」

「선진국 행정개혁의 성과평가와 함의」 등

서상원 교수의 행정학 시리즈 ❷ **인사행정**

초판인쇄 | 2009년 3월 30일
초판발행 | 2009년 3월 30일

지은이 | 서상원
펴낸이 | 채종준
펴낸곳 | 한국학술정보㈜
주　소 | 경기도 파주시 교하읍 문발리 513-5 파주출판문화정보산업단지
전　화 | 031) 908-3181(대표)
팩　스 | 031) 908-3189
홈페이지 | http://www.kstudy.com
E-mail | 출판사업부　publish@kstudy.com

등　록 | 제일산-115호(2000. 6. 19)
가　격 | 19,000원

ISBN　978-89-534-1422-8 13350 (Paper Book)
　　　　978-89-534-1423-5 18350 (e-Book)

이담 Books 는 한국학술정보(주)의 지식실용서 브랜드입니다.